SANS COMPLAISANCE
de Denise Bombardier
est le huit cent neuvième ouvrage
publié chez VLB éditeur
et le trente-septième de la collection
« Partis pris actuels »
dirigée par Pierre Graveline.

VLB éditeur bénéficie du soutien de la Société de développement des entreprises culturelles du Québec (SODEC) pour son programme d'édition.

Gouvernement du Québec – Programme de crédit d'impôt pour l'édition de livres – Gestion SODEC.

Nous reconnaissons l'aide financière du gouvernement du Canada par l'entremise du Programme d'aide au développement de l'industrie de l'édition (PADIÉ) pour nos activités d'édition.

Nous remercions le Conseil des Arts du Canada de l'aide accordée à notre programme de publication.

SANS COMPLAISANCE

DE LA MÊME AUTEURE

La voix de la France, essai, Paris, Robert Laffont, 1975.

Une enfance à l'eau bénite, roman, Paris, Seuil, 1985.

Le mal de l'âme, essai, en collaboration avec Claude Saint-Laurent, Paris, Robert Laffont, 1988.

Tremblement de cœur, roman, Paris, Seuil, 1990.

La déroute des sexes, essai, Paris, Seuil, 1993.

Nos hommes, essai, Paris, Seuil, 1995.

Aimez-moi les uns les autres, roman, Paris, Seuil, 1999.

Lettre ouverte aux Français qui se croient le nombril du monde, essai, Paris, Albin Michel, 2000.

Ouf!, roman, Paris, Albin Michel, 2002.

Propos d'une moraliste, chroniques, Montréal, VLB éditeur, 2003.

Et quoi encore!, roman, Paris, Albin Michel, 2004.

Denise Bombardier

Sans complaisance

vlb éditeur

VLB ÉDITEUR
Une division du groupe Ville-Marie Littérature
1010, rue de La Gauchetière Est
Montréal (Québec) H2L 2N5
Tél.: (514) 523-1182
Téléc.: (514) 282-7530
Courriel: vml@sogides.com

Maquette de la couverture: Ann-Sophie Caouette
Photo de la couverture: © *Le Journal de Montréal*, Raynald Leblanc

Catalogage avant publication de Bibliothèque et Archives Canada

Bombardier, Denise, 1941-
    Sans complaisance
    (Collection Partis pris actuels)
    ISBN 2-89005-925-1
    1. Québec (Province) – Mœurs et coutumes – 21ᵉ siècle. 2. Québec
(Province) – Politique et gouvernement – 2003-   . 3. Québec (Province)
– Civilisation. I. Titre. II. Collection.

FC2918.B562 2005   306'.09714   C2005-941407-3

DISTRIBUTEURS EXCLUSIFS:

* Pour le Québec, le Canada
  et les États-Unis:
  LES MESSAGERIES ADP*
  955, rue Amherst
  Montréal (Québec) H2L 3K4
  Tél.: (514) 523-1182
  Téléc.: (450) 674-6237
  *Filiale de Sogides ltée

* Pour la France et la Belgique:
  Librairie du Québec / DNM
  30, rue Gay-Lussac
  75005 Paris
  Tél.: 01 43 54 49 02
  Téléc.: 01 43 54 39 15
  Courriel: liquebec@noos.fr
  Site Internet: www.quebec.libriszone.com

* Pour la Suisse:
  TRANSAT SA
  C.P. 3625, 1211 Genève 3
  Tél.: 022 342 77 40
  Téléc.: 022 343 46 46
  Courriel: transat-diff@slatkine.com

Pour en savoir davantage sur nos publications,
visitez notre site: **www.edvlb.com**
Autres sites à visiter: www.edhomme.com • www.edtypo.com
• www.edjour.com • www.edhexagone.com • www.edutilis.com

Dépôt légal: 4ᵉ trimestre 2005
Bibliothèque nationale du Québec
Bibliothèque nationale du Canada

Les maux des mots

Les temps sont durs pour ceux qui usent des mots avec réserve, précision, parcimonie et nuance. Pour ceux aussi qui croient que les mots ne sont pas innocents et qu'ils sont l'expression de la pensée. Parler pour ne rien dire est révélateur d'un flottement de l'esprit lorsque cela ne sert pas d'écran derrière lequel se cache le locuteur. Mais la maladie actuelle, si on veut diagnostiquer la parole, ne serait-elle pas avant tout l'enflure verbale ? Or l'enflure est un bon indicateur de l'inflammation qui sourd.

Sous l'influence des médias sans doute, on parle couramment comme les manchettes des bulletins de nouvelles, les personnages de téléroman et les animateurs excités et « punchés ». Les enfants de six ans nous disent qu'ils sont « stressés », qu'ils « capotent », les porte-parole de n'importe quel mouvement se sentent « discriminés » quand ils ne subissent pas l'« exploitation », voire l'« apartheid ». Le voyageur, entendons celui qui prend la route sous la pluie ou la neige, craint la « tempête », les spectateurs voient des films qui sont soit des « chefs-d'œuvre », soit des « merdes ». Les enfants sont « géniaux » ou « crétins », les amis sont « sublimes » et les ennemis des « fascistes » ou des « tarés ». Cela n'empêche pas tous ces bien-pensants de s'insurger contre les autres, ceux qui ne s'accommodent pas du vocabulaire délavé, aseptisé, de la rectitude politique, des paroles qui parlent plutôt des sourds que des « entendants différents ».

Les mots-tics de l'heure n'expriment que l'excès et l'exacerbation, quand ils ne recouvrent pas de vertus la normalité du comportement. Le chanteur qui donne un rappel, l'invité qui accorde une entrevue, la plupart du temps pour parler de son spectacle ou pour vendre son disque ou son livre, toutes choses légitimes par ailleurs, se font remercier pour leur « générosité », si bien que ce mot a perdu tout sens. Les gens trouvent la moindre niaiserie « super » ou « hyper ». Un vendeur est « super fin » et une route « hyperbloquée ». Alors que jadis on roulait à bicyclette sans en faire un plat, on s'adonne aujourd'hui au vélo « extrême », déguisé, ça va de soi, en extraterrestre.

La marche à pied, vieille comme le monde, s'est transformée en exercice « sportif » avec prise de pouls, bouteille d'eau à la ceinture et montre-chronomètre au poignet.

Cette dramatisation générale de la quotidienneté, cette exagération du sens des choses par le choix des mots banalisent, c'est inévitable, la réalité lorsqu'elles ne la pervertissent pas.

L'hyperbolisme ambiant est aussi une autre manière de niveler et d'homogénéiser la vie. Si l'excès est la règle, il s'anéantit lui-même car il ne peut exister dans la durée mais dans l'intensité. L'hyperbolisme est aussi une fuite en avant pour ceux qui ne contrôlent pas la parole ou qui manquent de mots. J'ai connu une personne qui a traversé la France avec deux phrases. Devant les splendeurs du passé qui l'impressionnaient incontestablement, elle s'exclamait : « C'est un très beau genre. C'est super ! » Et face à l'architecture plus moderne, elle s'écriait : « C'est plus que super à la mode. » Dans le premier cas de figure, elle contemplait Versailles et, dans le second, Beaubourg.

L'enflure du vocabulaire pourrait aussi marquer l'obsession d'échapper à la quotidienneté routinière, le lot de chacun, qui ne ressemble en rien à l'image que nous renvoie de cette quotidienneté le monde médiatique qui nous gouverne. À travers le petit écran devant lequel les gens passent la majorité de leur temps de loisir, ne l'oublions pas, personne n'est dans la norme ; le monde, contrairement à l'expression consacrée, n'est jamais ordinaire. La téléréalité, genre qui fracasse les cotes d'écoute, nous le rappelle avec force et efficacité : vivre apparaît alors comme un sport extrême, excitant, exaltant et toujours dramatique. Les mots pour décrire les situations et les sentiments participent de cette irréalité qu'on désigne réalité. Les mots craquent à la manière des allumettes. Tout devient « écœurant », « effrayant », « débile », « au boutte », « extraordinaire », « hyper super », donc insignifiant.

Dépouillés de leur sens originel, par leur enflure, les mots risquent hélas de devenir des instruments d'incommunicabilité. Comment se parler et surtout se comprendre avec des mots dont le sens objectif nous échappe ? Quand on appelle « agression » un geste d'impatience, « discrimination » un désaccord d'opinion, « catastrophe » une tache de vin sur un tapis et « chef-d'œuvre » un téléroman à la mode, on ne peut pas se faire comprendre par beaucoup de gens en dehors du premier cercle dans lequel on circule.

Que penser enfin du détournement des mots à des fins plus ou moins avouables ? Traiter par exemple d'homophobe celui qui s'oppose au mariage entre personnes du même sexe ? Décidément, les mots ne sont jamais innocents.

20 septembre 2003

L'honnêteté ? Connais plus !

De nos jours, on ne vole pas de disques, on télécharge, on ne plagie pas, on transcrit, on ne ment pas, on interprète la réalité selon sa perception propre. Normal : la vérité est déclassée par la téléréalité, le mot « mensonge » est en train de tomber en désuétude et la vérité historique a cessé d'être un absolu.

Ces dérapages, car on se refuse à qualifier d'évolution ces façons de faire et d'être, n'annoncent point de progrès social et de plaisir à vivre en société. Car la fourberie, l'imposture, l'hypocrisie, la feinte ne contribuent guère à l'épanouissement personnel et collectif. Voilà où nous mènent les haussements d'épaules et la dérision des supposés affranchis aux yeux desquels toute position morale est un épouvantail à moineaux. Et il y a un discours idéologique qui conduit à accepter l'inacceptable. D'abord, des spécialistes de l'enfance proclament que les petits ne connaissent pas le mensonge, si bien qu'il est inutile et vain de leur enseigner que mentir est mal. Le grand Piaget, qui nous a tant éclairés sur la formation du jugement moral chez l'enfant à partir de l'âge de sept ans, doit se retourner dans sa tombe. L'enfant ne ment pas, il invente, disent plusieurs. La créativité a le dos large de nos jours.

À l'adolescence, les jeunes sont exposés à un autre discours, plus politique celui-là, discours dichotomique inspiré de la lutte des classes où on leur enseigne, comme dans le bon vieux temps, que le monde se divise en exploiteurs et en exploités. Avec pour conséquence de les mener à conclure que les entreprises culturelles qui produisent leur musique fétiche sont des capitalistes crapuleux qu'il convient de contrer par un simple clic sur la souris de l'ordinateur. Quant aux interprètes et aux chanteurs « gras durs », comme le prouve leur vie de jet-setters, le manque à gagner dont ils les privent est largement compensé par l'admiration qu'ils leur portent. « J'aime ta musique, quossé que tu veux de plus ? » doivent-ils penser.

Cet état d'esprit préside aussi au plagiat dans les travaux scolaires et universitaires. Internet n'est-il pas un instrument de connaissance ? Alors, ils transcrivent sans vergogne avec d'autant plus d'assurance qu'ils misent sur la paresse, l'ignorance ou le découragement de leurs profs incapables de réagir ou de découvrir la fraude. Bien évidemment, dans la foulée de la laïcité mal comprise, le « rendons à César ce qui appartient à César », exclu du cursus scolaire, leur est inconnu. Désormais, « qui trouve garde » est leur credo. Voilà pour les travaux faits maison. Pour les examens, le système de copiage fait florès. D'autant plus que l'étudiant qui sait se sent dans l'obligation de transmettre sa science aux autres, l'appartenance au groupe, elle, étant sacrée. Copier aux examens n'est donc plus une faute mais une question de possibilité ou d'impossibilité, selon le système de surveillance.

Nombreux sont les avocats et les juges qui observent depuis plusieurs années un manque de conviction dans le serment que font les témoins en cour. Rien n'est démontrable, aucune étude scientifique n'a été faite, mais des juges d'expérience affirment privément que le serment de dire la vérité de jadis n'est plus entouré du respect d'antan. La vérité est devenue matière à interprétation, d'autant plus que, dans la société actuelle et en dépit des codes moraux, la réalité et la fiction sont de plus en plus confondues. Le vrai et le faux sont des notions qui perdent leur sens, remplacées par la suprématie de l'interprétation individuelle. On s'étonnera bientôt qu'il reste des gens pour parler vrai, pour dire la vérité au détriment de leurs intérêts personnels, pour rendre un objet perdu à son propriétaire, pour refuser d'utiliser la technologie dans le but de léser un tiers et pour croire au bien. Dans ce monde du mensonge, seuls émergent les imposteurs, les fourbes, les petits malins, les traficoteux. Bref, toute banalisation actuelle de l'action de voler, de copier, de plagier mène à l'exploitation des honnêtes gens et pourrit insidieusement la société civile dans l'ensemble de ses activités. « Y a rien là » est, à cet égard, une phrase assassine qui ouvre la porte aux dérapages de la conscience morale.

15 novembre 2003

La dureté

Il y a quelques années, invitée à prononcer une conférence devant un congrès d'enseignants, j'avais alors mis en lumière l'importance de la politesse, cette forme extérieure de la délicatesse du cœur. Au cours de la période de questions, certains participants m'avaient proprement insultée, en me tutoyant, cela va de soi, car, à leurs yeux, je prônais l'élitisme. Ainsi, il faudrait conclure que pour certains de nos compatriotes et, dans ce cas, des enseignants, à l'éloge de la politesse doit se substituer l'éloge de l'impolitesse.

Des malpolis, des grossiers, des brutaux, cela existera toujours, et d'ailleurs il se trouvera bien des supposés spécialistes de la psychologie humaine pour les justifier en expliquant qu'ils ont été mal aimés. Tout le problème réside dans la volonté sociale de contrer cette pollution dans nos rapports à autrui. Quand on se laisse interpeller par des inconnus avec une familiarité grossière, lorsqu'on trouve normal d'engueuler ou de se laisser engueuler par nos enfants, nos amis, nos collègues de travail, lorsqu'on ne sait plus dire merci, excusez-moi, bonjour ou au revoir, on trace le chemin aux brutes, aux rustres et aux barbares dont certains sévissent même auprès des plus démunis d'entre nous.

La télévision, ce miroir social, favorise la caricature des comportements, le parler cru, confondu avec le parler vrai, la grossièreté, présentée comme une marque d'affranchissement moral. Dans les feuilletons, les lofts, certains talk-shows, on s'envoie allégrement c…, on s'invite à manger de la m… et on pratique le vocabulaire religieux sans la culture qui vient avec (qui peut donner la définition du tabernacle et du ciboire de nos jours?). Récemment, le président de la FTQ n'a-t-il pas spontanément commenté une déclaration gouvernementale par un « Ça me fait c... », qui a fait s'esclaffer ceux qui l'entouraient?

Ce long préambule nous amène directement à ce triste, si triste épisode de Saint-Charles-Borromée qui s'est terminé par la mort d'un homme dont des proches, comme Hubert de Ravinel, cet apôtre de la bonté, ont témoigné de l'amabilité et du dévouement auprès des malades. Quand on a sous sa responsabilité des barbares protégés par des structures bétonnées et qu'on ne l'est pas soi-même, lorsqu'on vit dans la jungle médiatique, qu'on se sent lâché par ceux qui devraient nous soutenir et qu'on est un honnête homme, on peut, et c'est le cas ici, décider de terminer sa vie dans la solitude effroyable d'un hôtel de banlieue.

Si la mort est dure pour les survivants, la vie est encore plus dure pour les êtres sensibles, raffinés et qui font de l'honneur, du devoir, du respect d'autrui et du sens de la justice leur credo. Nos barbares ne se suicident pas, eux qui usent des mots et des gestes comme d'un lance-flammes.

Dans ce monde en sursis de terreur dans lequel nous vivons même si nous en sommes relativement à l'abri, la vigilance s'impose. Rien ne justifie qu'on traite autrui sans égards et sans manières. On n'a de cesse de le répéter, chacun étant susceptible de subir l'affront, d'être bousculé sinon physiquement, du moins psychologiquement. Faut-il attendre la tragédie pour réagir? Les incivilités au quotidien, qu'elles soient le fait de simples citoyens ou de marginaux itinérants, sont inacceptables. Quand on ne peut plus traverser un square, un parc ou une rue sans craindre pour sa sécurité et en subissant les injures verbales de punks ou d'itinérants qui doivent comprendre que le mal de l'âme ne peut servir d'excuse à l'agression des autres, la vie en société est détériorée.

Dommage aussi que les incivilités soient cautionnées par des personnalités publiques, comme ce fut le cas ces derniers jours. Vivre en marge, se comporter de façon asociale, injurier, voire menacer de simples citoyens n'a rien de vertueux. Les policiers qui combattent ces incivilités en interpellant les agresseurs ne font que leur devoir, et nul ne peut leur en faire reproche.

Une société est civilisée lorsqu'elle civilise ceux qui ne le sont pas. La vie quotidienne, en particulier dans une grande ville, est un équilibre fragile susceptible d'être mis en danger par des perturbateurs en tout genre. La politesse demeure la façon la plus agréable et la plus civilisée de communiquer entre nous. Et à cet égard, quoi qu'on en dise, le tutoiement systématisé est une brutalité supplémentaire car il donne plus facilement prise à la grossièreté et à la vulgarité. Ceux qui s'acharnent à en faire un étendard de l'égalitarisme et qui, encore une fois, réagiront à cette chronique par l'insulte (quelques thèmes, comme celui-ci, déclenchent automatiquement l'insulte) contribuent à briser le plaisir réel qu'on retire de la vie en société. Gageons que les gens qui s'excusent lorsqu'ils bousculent involontairement, qui disent bonjour en entrant dans une boutique, merci quand on leur rend service, et qui sourient aux uns et aux autres, ces gens sont moins susceptibles de détériorer l'ameublement urbain et d'agresser verbalement leurs contemporains. Ce n'est pas non plus parmi ces derniers qu'on retrouve les faiblards pervers qui humilient les démunis. Les mots tuent. La preuve, hélas, en est faite.

29 novembre 2003

Le fédéralisme rentable

Par un concours de circonstances, je me suis retrouvée un jour dans une maison-manoir au bord d'un lac célèbre et célébré par des riverains riches, richissimes et souvent ostentatoires. Les heureux propriétaires de ce domaine, dont j'ignorais l'identité, vivaient à l'étranger, m'avait-on dit. Je suis restée le temps d'une baignade avec des amis et leurs connaissances à qui on avait prêté ce lieu surdimensionné.

La singularité de cette maison reposait sur le fait qu'on devinait que la surface habitable avait été agrandie à partir d'une petite structure d'origine. Bref, un chalet de dimension modeste était devenu une « cabane », comme on dit ici, où les chambres à coucher-salles de bains en enfilade ne se comptaient plus. Pour ce qui est du marbre, on se serait cru à Carrare. Quelques jours après mon passage rapide dans ce décor à faire rêver les participants des émissions de téléréalité, après avoir harcelé les amis qui m'avaient entraînée là-bas, j'ai su que la propriété appartenait à des amis du parti de Jean Chrétien, spécialisés dans la communication. Ainsi donc, j'avais été témoin de la matérialisation du fédéralisme rentable.

Si l'histoire est authentique, la métaphore de la petite maison devenue château (à sa vue, « ça frappe dans le dash », aurait dit M. Chrétien) illustre bien le parcours de ceux qui se servent de la politique comme instrument personnel de promotion économique. Si la valeur de l'engagement se juge au prix qu'une personne est prête à payer pour défendre ses idées, que penser de la qualité des idées que défendent ceux qui les trafiquent contre espèces sonnantes ? Autrement dit, dans l'engagement politique, plus ça paie, plus c'est douteux.

En ce sens, le scandale mis au jour témoigne de la déliquescence d'une certaine manière de croire au fédéralisme. Entre l'idéal canadien que Trudeau et les intellectuels qui l'entouraient à l'époque défendaient et cette chasse aux « séparatistes » aussi dérisoire que pernicieuse qui a mis en avant des relationnistes et communicateurs de tout acabit plutôt que des penseurs et des idéologues disposés à défendre la cause pour la cause, il y a un détournement de pensée qui est devenu un détournement de fonds.

La vie politique regroupe des gens convaincus et des parvenus. Ces derniers, redoutables, recherchent la proximité du pouvoir pour s'élever socialement, bénéficier des retombées de la fréquentation des puissants du moment et, bien sûr, en tirer profit, si ces derniers y consentent. Dans le cas de figure qui nous occupe, le consentement ne semble pas avoir été le fait de quelques personnes isolées, et c'est bien pour cela que le scandale trouble à ce point tout citoyen digne de ce nom.

La courtisanerie, vieille comme le monde, ne disparaîtra pas, mais en démocratie, nous connaissons la façon de la neutraliser. Les lois québécoises adoptées sous le gouvernement de René Lévesque – qui avait en horreur, une horreur viscérale, cette pollution des institutions politiques qu'est le patronage – nous protègent mieux et plus que partout ailleurs dans les démocraties occidentales. La courtisanerie trouve un terreau particulier dans une situation comme celle qui prévaut à Ottawa, où le gouvernement, à cause de la conjoncture régionale, semble indélogeable. La longévité du gouvernement Chrétien a nourri l'arrogance des gouvernants et de la cour qui les entourait. Le sentiment d'omnipotence et la conviction cynique que la fin justifiait les moyens ont aussi contribué à ouvrir la voie aux courtisans sans états d'âme. Ces derniers se croyaient propriétaires de cette machine à imprimer des dollars qu'on avait mise en place avec la complicité de ministres et de serviteurs de l'État (l'expression est

plus qu'ironique dans les circonstances) dans le silence indif-
férent ou couard de multiples témoins.

Il n'y a pas de mystère. La richesse subite, c'est-à-dire
celle accumulée en quelques années par des gens agglutinés
autour des élus, demeure suspecte. Une entreprise dont l'ex-
pansion spectaculaire coïncide avec la fréquentation assidue
des personnalités politiques du parti au pouvoir oblige à s'interroger. Il y avait de quoi se surprendre du passage rapide de
la bière au champagne et de la Honda à la berline Mercedes
parmi certains partisans libéraux dont on découvre aujourd'hui les méfaits. Quelques-uns expliquaient leur prospé-
rité spontanée par leur succès dans le marché de l'immobilier
ou à la Bourse. Ce n'était pas complètement faux puisqu'ils
pillaient cette maison commune qu'est l'État et pigeaient allégrement dans la bourse collective.

De toute éternité, les hommes ont adoré le veau d'or.
Depuis la nuit des temps, les hommes sans scrupule ont pratiqué avec un art consommé la flatterie des puissants contre
gratifications. La récompense des amis est un geste naturel.
La justice sociale qui nous rend si fiers est le résultat d'un effort pour policer ces réflexes claniques. En démocratie avancée, la politique ne devrait pas être un tremplin pour s'enri-
chir à même l'argent des citoyens. Les convictions politiques
se jugent au risque qu'elles peuvent nous faire courir plutôt
qu'au fric qu'elles peuvent rapporter.

21 février 2004

La condition inhumaine

Mourir pour désirer rester jeune relève de l'absurde et de la tragédie. C'est aussi l'illustration de la quête de perfection et de beauté à laquelle aspirent tant de femmes qui, par ailleurs, affichent leur indépendance d'esprit et leur autonomie financière. Ironiquement, ce ne sont pas les ennuis professionnels si médiatisés qui ont terrassé Micheline Charest, prototype de la femme moderne affranchie, à l'ambition apparemment mal contrôlée, mais son désir « de réparer des ans l'irréparable outrage », ce qui, dans son cas, n'était guère une menace.

Non seulement nous luttons contre la mort, dont la science repousse chaque jour les limites, mais les femmes, en particulier celles qui usent de la séduction comme d'une arme à la fois sentimentale et professionnelle, désirent protéger cet atout supplémentaire si traditionnel. De plus en plus d'hommes recourent aussi à ce moyen radical qu'est la chirurgie esthétique afin d'échapper à cette tendance dont on pourrait peut-être croire qu'elle indique une féminisation des valeurs sociales alors que l'image-miroir impose sa règle.

De plus, la loi d'airain de l'efficacité à tout prix, valeur aussi dominante, ne tolère ni l'imperfection physique ni la maladie. La jeunesse éternelle qu'incarnent ces mannequins-stars, à peine sortis de la puberté, est devenue la référence ultime des nouveaux conquérants que sont les anciens jeunes des années 1960.

Lorsque les rides du visage, ces signatures des bonheurs et des malheurs d'une vie, sont vécues comme une tare non seulement personnelle mais également sociale, il y a matière à découragement. Lorsque la maladie est interprétée non seulement comme une faiblesse physique, cela va de soi, mais aussi comme une fragilité de caractère ou un manque de volonté, il y a de quoi pleurer. L'engouement pour tous ces ouvrages qui proposent les recettes les plus insensées pour éviter la maladie, pour garantir la minceur, pour stopper les angoisses existentielles, bref, pour ne pas vivre mais fonctionner à la manière d'une machine, cet engouement trahit le mal de l'âme caractéristique de notre monde qu'on dit développé.

Quand la téléréalité, à la manière d'un char d'assaut, fait triompher le rêve pervers de la mutation par chirurgie, telle cette série américaine *Extreme Makeover*, tous les insatisfaits, les déçus, les frustrés, les victimes du mythe de la perfection sont bernés. Dans cette série, on transforme le commun des mortels en caricatures de stars hollywoodiennes, visage lissé, dentition redressée et blanchie, liposuccion, reconstruction mammaire, bref, réingénierie, dans son sens littéral. Entre l'avant et l'après, alors qu'il arrive même que des enfants ne reconnaissent plus leur mère tellement la métamorphose est brutale et extrême, aucune transition douloureuse. Rien sur ces longues semaines où, enfermés, la figure tuméfiée, le corps douloureux de tant de charcutage, les heureux gagnants vivent une convalescence qui peut s'avérer pénible et inquiétante.

Le public assiste ainsi, médusé dans son voyeurisme, à une banalisation de ce type de chirurgie, laquelle demeure, comme toutes les autres chirurgies, une intervention à risques. Cette téléréalité, quoi qu'en pensent ceux qui la boudent ou tentent de l'ignorer, est un phénomène incontournable pour qui cherche à comprendre dans quel monde nous vivons. *Extreme Makeover* existe et trouve son public car elle met en scène les fantasmes de l'époque et reproduit le zapping, le rythme de vie actuel, dont le modèle s'est imposé à nous par la technologie médiatique.

Pour trop de femmes, tous milieux sociaux confondus d'ailleurs, le prince charmant contemporain n'opérera pas la métamorphose rêvée par un baiser dans la pénombre mais plutôt le bistouri à la main sous l'éclairage cru d'une salle d'opération. Le bonheur au bout du couteau, tel est le nouveau slogan propagé par trop de médecins plasticiens complaisants qui participent au climat de banalisation d'actes dont ils savent pertinemment qu'ils ne sont pas inoffensifs.

Loin de nous l'idée que la majorité de ceux qui exercent cette spécialisation soient irresponsables ou que les liftings soient condamnables. Mais les lois de la commercialisation, car il s'agit, n'est-ce pas, d'un commerce extrêmement lucratif, ont aussi énormément atténué la réalité.

Paradoxe de l'époque, ce culte du corps qu'on masse aux huiles essentielles, polit au gant de crin naturel, détend dans des bains aux algues mystérieuses, qu'on malmène et agresse par des piercings, des tatouages ou des entraînements violents. Contradiction également cette obsession pour les régimes alimentaires équilibrés, calibrés, amaigrissants, énergisants, et ce laisser-aller dans l'obésité d'une partie toujours plus grande de la population. La vieille sagesse universelle nous apprenait jadis que les yeux sont le miroir de l'âme.

La période actuelle indique que le corps est devenu le lieu de toutes nos ambivalences, nos rêves, nos nouveaux mythes et nos échecs. Les plus exposés aux dangers de transposer sur le corps la mélancolie, appelons-la spirituelle, sont ceux qui croient avant tout à la préséance de l'image, c'est-à-dire à la mise en scène d'une vie plus rêvée que vécue.

17 avril 2004

Le verbe en débat

Enfin, un débat passionnant s'est abattu sur nous. Un débat sur les mots, par les mots, pour ou contre des mots, qui nous oblige à retourner au dictionnaire, c'est-à-dire aux sources et aux origines du langage. La discussion, enfin ouverte, départage deux camps irréductibles ; d'un côté, ceux qui brandissent l'étendard de la liberté d'expression sans entraves, de l'autre, ceux qui réclament le bâillonnement des jappeurs, des provocateurs et autres humoristes outranciers. Plus intéressants et plus originaux peut-être, ceux qui se situent hors camp et nous obligent à mettre de l'ordre dans les valeurs qui inspirent nos croyances et nos opinions. En d'autres termes, il s'agit moins de prendre parti pour ou contre Jeff Fillion ou Dieudonné (dont la plupart des gens ignorent le travail) que de réfléchir sur le sens de la liberté, les limites de celle-ci et surtout sur le sens réel du mot « tolérance ».

Disons-le d'entrée de jeu, nos chartes des droits et nos lois limitent relativement la parole. Un raciste, un antisémite, un homophobe ne peuvent pas défendre publiquement leurs convictions sans subir les poursuites du système judiciaire. Ainsi l'a décidé la société. Les tenants de la liberté d'expression sans contrainte ont tendance à l'oublier. La rectitude politique contribue également à freiner la liberté d'expression, cette fois en fonction de la force et de l'efficacité des lobbys. L'autocensure participe alors à la censure publique. La rectitude politique, parce que tributaire des tendances, des modes et de l'engouement circonstanciel envers un groupe social plutôt qu'un autre, change d'objet et d'efficacité selon les périodes. Ainsi, les blagues contre les femmes ont retrouvé leur place dans le discours public, alors que celles sur les gays demeurent quasi taboues. On rit du pape, des curés, des cathos, mais les imams et les islamistes échappent aux rieurs. Imagine-t-on, à Montréal, le spectacle d'un Dieudonné juif qui, durant une heure et demie, épinglerait et ridiculiserait des cheiks, les musulmans en général et des intellectuels musulmans en particulier, et qui tirerait à vue sur les Noirs. On peut douter que le tout-Montréal se précipiterait au spectacle et l'ovationnerait durant de longues minutes. Conclusion : la tolérance a aussi ses orientations et ses préférences, ce qui signifie que les vrais tolérants sont ceux qui acceptent l'expression divergente de la leur. Ils ne courent donc pas les rues.

Curieux tout de même que, parmi les adorateurs de Pierre Falardeau, on retrouve des dénonciateurs virulents de ce Jeff Fillion dont la triste notoriété, de régionale, est devenue nationale. Étonnant que plusieurs Québécois (appelons-les « de souche ») s'interrogent sur la frilosité obsessive des associations juives envers des humoristes non juifs qui pratiquent l'humour à leurs dépens et que les mêmes « de souche » crient au racisme lorsque des Don Cherry qui se pensent drôles parlent d'eux dans les termes que l'on sait. Surprenants, les journalistes qui brandissent la liberté d'expression à la défense des barbares verbaux et verbeux et qui usent du bâillon pour faire taire leurs confrères dissidents pendant des conflits syndicaux.

Ceux qui pratiquent la violence verbale en distillant la haine des autres ont droit de cité dans une société libre. Mais ils doivent en payer le prix. En ce sens, il n'est pas facile d'admettre que quelqu'un puisse en faire son fonds de commerce. Particulièrement à même les biens publics, ce que sont les ondes. Pénible d'entendre ceux qui s'enrichissent immodérément grâce à ces pratiques se justifier en se présentant comme des victimes d'une répression, alors qu'ils mènent leur business le doigt sur la caisse enregistreuse et qu'ils pouffent d'un rire gras quand on prononce le mot « éthique » devant eux. Malheureusement, il arrive souvent que ce soient les mauvaises personnes qui incarnent les bonnes causes. En ce sens, la tolérance sélective est une contradiction dans les termes.

Dans un monde idéal, on souhaiterait que seul le blâme social suffise à freiner certains débordements. On aimerait éviter le plus possible de passer par l'instance judiciaire ou réglementaire pour policer les polissons de tout acabit. Or, compte tenu de la nature humaine, cela apparaît illusoire. Curieux couple, tout de même, que celui de Jeff Fillion et Dieudonné. Pourtant, les deux jouent avec le feu, s'installent sur la crête du tolérable. Certains estiment qu'ils basculent, d'autres, au contraire, les soutiennent. Les deux se réclament de la liberté de parole. L'un plaît aux branchés, l'autre au petit peuple. Ceux qui sont choqués de la comparaison entre ces deux hommes par qui le scandale arrive ici et à l'étranger semblent oublier que leurs cibles ont autant le droit de réplique qu'eux ont le droit de les invectiver. Pour déranger de la sorte, il faut un certain talent, c'est indéniable, mais aussi un désir de blesser l'autre, l'ennemi, l'adversaire. Lorsqu'il s'agit de cibles fragiles et démunies, comme dans le cas de Fillion, cela devient intolérable.

La nouvelle ministre du Patrimoine ne devrait pas avoir d'états d'âme à respecter la décision du CRTC, qui a fait appliquer la loi. On doit discuter à l'infini des limites de la liberté dans le cadre démocratique, en n'oubliant jamais que la pression qu'on dit populaire a des affinités avec les tribunaux populaires, qui historiquement ont toujours été catastrophiques en matière de justice sociale. De plus, notons que l'honnête homme du siècle de Diderot qui survit de nos jours ne fera jamais descendre la foule criarde dans les rues.

24 juillet 2004

La parenté

Le mot fait vieux, désuet, et pour certains agaçant. La parenté implique évidemment la filiation et dans le Québec actuel, toutes générations confondues, on aime croire que les vertus de l'amitié sont en train d'enterrer les anciennes vertus familiales. D'ailleurs, les adjectifs pour qualifier la famille élargie ou restreinte sont rarement positifs. Comme si les liens amicaux seuls représentaient le ciment d'une société qu'on voudrait, jusqu'à l'obsession, à l'avant-garde de ce que l'on croit être le progrès.

Sans doute, ces semaines de vacances dans la France d'en bas, pour parler comme le premier ministre actuel du pays Jean-Pierre Raffarin, m'obligent à comparer nos deux mentalités, donc nos deux façons d'envisager les rapports sociaux. La France en vacances, c'est la France de la famille nucléaire mais aussi celle de la parenté. Comme dans les films, les vacanciers se déplacent ou se retrouvent en tribus, à trois, voire quatre générations confondues. Les mamies et les papis accueillent leurs enfants, petits-enfants, cousins, oncles et tantes et tout le monde s'entasse dans des maisons confortables ou moches, dont la caractéristique principale est d'appartenir, par legs la plupart du temps, à un membre de la famille. On vit donc entre soi, dans des murs qui ont vu vivre les générations précédentes. Cela s'appelle la transmission du patrimoine, une valeur toujours importante dans ce que George W. Bush a qualifié de « vieille Europe ». Cette tradition, n'est-ce pas le contraire de l'aliénation, entendue dans son sens le plus fort, à savoir d'être étranger à soi-même, puisque les lieux habités sont chargés des fantômes et des souvenirs du passé commun ?

Quant à ceux qui se retrouvent dans de petits hôtels, ils se déplacent aussi avec les grands-parents, apparemment heureux de s'occuper des bébés, braillards ou pas, ou d'engueuler leurs enfants parents, ou vice versa. Souvent, ils reviennent depuis des décennies dans ce que l'on appelle si justement en France les pensions de famille. Même les Parisiens de gauche ou de droite, snobs, BCBG, revendicateurs d'affranchissement social, n'échappent pas à l'aimant parental. Ils se retrouvent autour des patriarches, s'émeuvent de leurs souvenirs d'enfance et transmettent à leurs enfants le même attachement. Ils écrivent plus tard, s'ils sont romanciers, que ces messes familiales estivales sont la clé de voûte de leur imagination littéraire.

Quoi qu'on en dise, l'individualisme, cette caractéristique d'une Amérique du Nord dans laquelle le Québec ne peut revendiquer aucune distinction, n'a pas atteint l'Europe avec la même brutalité. Sur ce continent, tout changement social profond est freiné par le poids des traditions et de l'histoire. En ce sens, il est difficile d'appliquer le *tabula rasa* du passé, apparemment si attirant pour nombre de Québécois. C'est avec insouciance, témérité, aveuglement que la génération des baby-boomers a fait sauter les verrous de la société dont elle avait hérité. Les baby-boomers ont agi à la manière des artificiers au moment de la mise à feu des illuminations qui éclairent le ciel pour l'éblouissement des spectateurs mais qui s'éteignent vite, laissant ces derniers sur leur faim. Ces mêmes baby-boomers, accrochés à leurs 20 ans *peace and love*, stones et bougalous, pour parler comme Robert Charlebois, ont du mal à se comporter comme des gens de leur âge, c'est-à-dire des grands-parents. L'amour de leurs petits-enfants – quand ils en ont – se vit beaucoup à travers les photos des bébés de leur progéniture dans leur portefeuille, qu'ils montrent à gauche et à droite sur les terrains de golf de Floride ou d'ailleurs.

Quand voit-on chez nous dans la rue des adolescents avec leurs grands-parents comme cela est fréquent en France ?

Le « Y a rien là » des années 1970 a été remplacé dans la bouche de la génération moins lyrique qu'euphorique par le « J'ai donné ». Et disons-le, ce sont avant tout les grands-mères, ces cinquantenaires fringantes et toujours d'attaque qui parlent ainsi. Normal, on ne veut pas jouer la mémé ou la matante quand on est encore sur le mode séduction à la recherche des mâles introuvables.

L'éclatement de la famille, ce fut donc également la perte de la parenté, ce réseau de filiation qui construit aussi l'identité et évite de nous croire les mutants d'une génération spontanée. Le Canada français de jadis n'est plus « terre de nos aïeux » mais celle de nos amis. Or, le problème de l'amitié, c'est qu'elle n'est pas transmissible. Elle s'éteint avec ceux qui la vivent. Elle n'a de continuité que l'histoire d'une seule vie. Impossible d'en faire la base d'une institution sociale avec ce qui s'ensuit, à savoir une éthique et des lois. Impossible aussi de s'y référer en tant que lieu de mémoire collective, ni même de mémoire individuelle. En se privant de parenté, l'on perd aussi ses repères essentiels qui sont ceux de l'hérédité. Ce n'est pas le diabète de nos amis qui explique le nôtre mais plutôt celui des membres de notre famille. La nature reprend ainsi ses droits en quelque sorte.

D'autre part, la famille recomposée est un succédané à la famille telle qu'on la connaît, puisqu'elle est le fruit de ruptures et non de la continuité. Avoir trop de parenté par une alliance circonstancielle, ne serait-ce pas comme ne pas en avoir ? L'addition des grands-mères, des grands-pères, des demi-frères et des quarts de sœurs demeure une entreprise plus expérimentale que vivante. Le sentiment d'appartenance à une descendance ne peut pas être à la merci des modes de l'époque.

7 août 2004

Jésus-Christ !

On l'a entendu le dire, et on sait que les micros ne trompent pas. Lui, c'est le très honorable premier ministre du Canada, Paul Martin. Excédé, ça lui est sorti de la bouche comme un bouchon de bouteille de mousseux qui nous saute à la figure. Il faudra à l'avenir que tu te laves la bouche au savon, a dit sa tante. Il a rapporté son propos en rigolant, tout en s'excusant. Personne n'a jamais accusé Paul Martin d'être grossier. Au contraire, c'est un homme courtois, réservé et distingué, aurait-on dit à une autre époque. Mais justement, les temps ont changé, et les sacres et les jurons ont envahi le discours public. Souvenons-nous du « ça me fait c… » du président de la FTQ en lieu et place de l'analyse d'une décision gouvernementale qui concernait les travailleurs.

Ce vocabulaire caractérisait jadis les mal embouchés, les mal élevés, les voyous. Et, sauf exception, c'était une langue réservée aux hommes, qui l'utilisaient d'abord entre eux. Car les sacreurs se retenaient souvent en présence des femmes, leur mère au premier chef. Sacrer contre ses proches était de plus considéré comme une forme larvée de violence conjugale, qu'on ne désignait pas par cette expression dans le temps. À tel point que dans l'esprit de plusieurs, il s'agissait de la première étape avant de passer aux actes. Par contre, il était impensable que les femmes utilisent ce vocabulaire. Les exceptions à cette règle subissaient l'anathème social.

En un quart de siècle, tout a basculé, et les sacres comme les jurons servent aujourd'hui de sujets, de verbes, de compléments, d'adverbes et de conjonctions. Dans la foulée du combat pour l'égalité des sexes, les femmes se sont affranchies de ces interdits langagiers et « crissent » et « calicent » à longueur de journée. Allez vous asseoir dans une cafétéria de polyvalente ou dans celle d'un collège privé et vous serez à la fois édifié et rassuré en matière d'égalité entre les garçons et les filles. D'ailleurs, ces dernières manifestent un zèle plus évident, ce qui est la caractéristique des néophytes.

Banalisation, diront certains, comme pour enlever toute connotation péjorative à ce vocabulaire. Cela laisserait croire que n'existe plus une telle chose que la grossièreté du langage et, surtout, que cette grossièreté n'a aucun rapport avec l'émotion et la sensibilité de celui qui parle. Or, s'il existe une esthétique des mots, il existe aussi une éthique langagière qui permet d'ailleurs de respecter l'interlocuteur.

Pour rompre avec un formalisme contraignant, on semble n'avoir trouvé rien de mieux que de sauter à pieds joints dans la trivialité, la familiarité et le sans-gêne. Les gens éduqués qu'on souhaiterait plus policés sont devenus obsédés d'égalité et, en sacrant et en jurant, expriment une volonté de ne pas se démarquer de ce peuple moins instruit au nom duquel ils parlent souvent. Les adultes sont mal embouchés pour être de leur temps, pour parler « jeune » par peur de passer pour snobs, hautains. Le sacre est un signe distinctif qui départage les « de souche » de ceux qui se sont intégrés, des étrangers. C'est également le symbole du parler dru, comme si celui-ci possédait des vertus astringentes pour l'esprit.

Les médias ont énormément contribué à la « démocratisation » des gros mots. Sous prétexte de réalisme, les personnages s'envoient c..., s'interpellent par des « mange de la m... » et se décrivent comme des tabarnacs, des hosties et des ciboires. C'est ce qu'il nous reste de plus vivant de notre éducation catholique d'antan. Encore que les objets et ornements liturgiques soient inconnus des plus jeunes, qui les égrènent dans leur conversation au même rythme où on récitait le chapelet jadis.

Le phénomène n'est pas particulier au Québec. Seul le choix des mots religieux nous caractérise. Plusieurs films américains adoptent des dialogues inspirés du cloaque, des bouges, des locaux de Hell's Angels, tous de hauts lieux d'un raffinement indiscutable. Sans revenir sur ce Jeff Fillion qui, depuis une semaine, fait le fonds de commerce des émissions de la rentrée à Montréal, il incarne la version paroxystique de ce nouvel usager du langage.

Pierre Falardeau et son Elvis Gratton doivent être les premiers surpris d'avoir suscité un tel engouement pour cette langue ordurière qu'ils vénèrent. Bientôt, la langue des personnages de notre génial dramaturge Michel Tremblay va nous apparaître comme un modèle à adopter lorsqu'on la compare à la langue de la rue d'aujourd'hui. Le parler « tendance » est trash alors que la langue de Tremblay est une langue recréée, théâtralisée, donc sublimée.

La téléréalité est le produit d'une façon nouvelle d'aborder la vie. On montre tout, on dit tout, on fait tout. Fini, les tabous. Quelle illusion ! On assiste au même phénomène pour le langage. « J'parle comme j'parle, pis si t'es pas content, crisse ton camp, mon ciboire de chien ! » Vive la société distincte !

18 septembre 2004

Les nouveaux décrocheurs

Ce ne sont pas ceux auxquels on fait généralement référence. Ces décrocheurs d'un nouveau type sont des gens hautement scolarisés, cultivés, intellectuellement curieux et qui œuvrent même parfois en politique, dans le journalisme et l'enseignement. Ils ont décroché des journaux et se contentent de jeter un œil distrait et irrégulier au journal télévisé. Au petit écran, dont ils usent avec parcimonie, ils recherchent des documentaires, des films et de ces émissions d'échanges d'idées qui se font si rares.

Ils ont tous été, par le passé, des consommateurs d'information, mais la vie leur a appris que l'histoire et les histoires sont terriblement répétitives. Ils boudent aussi l'information quotidienne parce qu'ils ont le sentiment que la surinformation les étourdit et les déconcentre. S'ils achètent un journal, ils le parcourent plutôt qu'ils ne le lisent. Cette désaffection, car c'en est une, est la résultante d'un ras-le-bol, forme extérieure d'un désappointement face à ce qu'ils ont cru et à une lassitude intellectuelle. Chez eux, la tentation du repli sur la vie personnelle n'est contrebalancée que par de rares sursauts d'indignation, réflexe conditionné par trop d'années vouées à comprendre et à agir. Ces décrocheurs, contrairement à ce qu'on pourrait penser, ne sont pas tous des baby-boomers (dont il faudra bientôt changer la désignation puisqu'ils arrivent tous à l'âge vénérable, celui des quinquagénaires). Hélas, les trentenaires se comptent aussi parmi ces boycotteurs de nouvelles. La plupart ne s'en vantent pas comme d'un exploit mais vous expliquent qu'ils mènent une vie de fous, se battant contre la montre, et que, ma foi, s'il se passe un événement important, ils l'apprendront rapidement par l'effet du bouche à oreille. Plus surprenant, ils commentent des nouvelles qu'ils n'ont ni entendues ni lues, ils expriment des opinions sur des livres qu'ils n'ont pas ouverts, des films qu'ils n'ont pas vus et des spectacles qu'ils ont désertés.

Par un curieux retour en arrière, ils évoluent dans une culture orale, se fiant à des tiers auxquels ils accordent leur confiance et dont ils respectent le jugement. Ils se forgent ainsi une opinion, non pas selon les faits ou la réalité mais plutôt sur la foi des quelques vérités auxquelles ils croient et qui régissent leur vie. Ils n'ont pas vu telle ou telle émission mais ils sont convaincus qu'ils la trouveraient insupportable. Sans doute ont-ils raison. Car on apprécie ce qu'on décide d'apprécier. Là où ils s'illusionnent, c'est lorsqu'ils s'estiment bien informés malgré le fait qu'ils boudent les journaux, tous les journaux. C'est que les faits et l'analyse de ceux-ci ne s'intuitionnent guère. Bien sûr, inutile de lire les comptes rendus répétitifs sur les attentats quotidiens à Bagdad pour se faire une opinion sur le conflit qui sévit, mais pour que cette opinion évolue, se nuance ou se radicalise, s'étoffe ou se transforme, elle a besoin d'être confrontée à d'autres. Les journaux, certains en tout cas, demeurent des instruments incontournables à cet effet.

Un politicien se vantait récemment qu'il lisait de moins en moins la presse écrite, ce qui lui épargnait, disait-il en souriant, bien des désagréments. Il y a fort à penser – mais de cela, il ne se vantait pas – qu'il gère l'État les yeux fixés sur les sondages, c'est-à-dire à courte vue.

La réalité actuelle nous indique que le développement du taux de scolarisation de nos sociétés n'a pas entraîné une hausse correspondante du nombre de lecteurs de journaux ou de livres. Une majorité de citoyens s'informe exclusivement par les journaux télévisés, qui sont des condensés plus ou moins orientés et simplifiés de l'activité humaine quotidienne locale, nationale et internationale. Évidemment, on nous rétorquera qu'Internet a pris le relais comme vecteur d'information, mais il n'est pas sûr que les internautes reti-rent de l'usage de cette technologie la vision globale que peut leur transmettre un journal. Celui-ci est une fabrication de professionnels dont les qualités majeures demeurent l'es-prit de synthèse et la distance critique, toutes choses que n'ont pas de facto les utilisateurs d'Internet.

Il est dommage que ceux qui ont pour fonction d'influen-cer les esprits, les enseignants au premier chef, se désintéres-sent de l'actualité, qui n'est rien d'autre que le déroulement chronologique de la vie contemporaine. La connaissance de cette actualité offre la possibilité d'alimenter le débat théori-que et d'éviter que se creuse davantage le fossé entre réalité et fiction.

Que des mystiques choisissent la vie contemplative et la prière, coupés de l'agitation du monde afin de témoigner de la vacuité des choses terrestres, cela est compréhensible et admirable. Mais que des élites intellectuelles, voire politi-ques, croient nécessaire de se mettre à l'écart des événements vécus, peu importe leur pertinence future, voilà de quoi in-quiéter et désoler ceux qui, malgré leurs déceptions, restent accrochés à la vie qui se déroule au quotidien. Faire l'effort de se renseigner, c'est aussi contribuer à la circulation des idées, une chose qui ne va pas de soi à l'ère du divertissement à tout prix.

2 octobre 2004

Fatigue chronique

« Ça me fatigue » et « je suis fatigué » sont en passe de devenir parmi les expressions les plus courantes de notre vocabulaire. Après le « y a rien là » et le « t'sé j'veux dire », l'affaissement se produit. Et n'y voyons pas un signe du vieillissement
de la population. Pour paraphraser La Fontaine, telle la
peste, tous semblent frappés par ce nouveau fléau.

Le petit enfant se plaint d'être fatigué, façon pour lui
d'exprimer son malaise d'être programmé selon les horaires
infernaux de papa, maman, le gardiennage quotidien, les
transferts hebdomadaires de maison dans le cas de la garde
partagée, la planification de ses loisirs. D'ailleurs, le glissement de vocabulaire trahit ici aussi la nouvelle réalité.
Avant, les enfants jouaient ; de nos jours, ils ont des activités.
Fini le temps où on pouvait voir des enfants flâner dans les
rues. Aujourd'hui, ils sont en mouvement, ils marchent vers
une destination quelconque. Et eux-mêmes semblent pressés.
Pour ne pas être en retard ou simplement parce qu'à l'instar
de leurs modèles, les adultes, ils sont devenus impatients,
d'une impatience sans objet.

Le petit enfant est aussi fatigué de négocier constam-
ment avec des parents qui, sous couvert de dialogue et de
transparence, consultent leur progéniture sur des décisions
qui devraient leur appartenir. Certains interrogent même les
enfants sur le choix d'un nouveau conjoint. Certes, il y a là
matière à épuisement pour un enfant.

Le « ça me fatigue » des adolescents est un cri du cœur
devant des parents qui se refusent à jouer adéquatement leur

rôle d'aînés, trop obsédés de ne pas vieillir et d'être toujours les définisseurs des rêves collectifs et des désirs du moment. Les adolescents s'épuisent aussi à s'inventer de nouveaux repères, orphelins qu'ils sont d'un passé collectif que leurs parents ont liquidé après en avoir bénéficié. Ils sont exténués par les ruptures successives, personnelles et sociales, qui transforment le présent en trampoline plutôt qu'en lieu d'ancrage. Ils manquent d'énergie, faute d'avoir appris que l'effort est la voie royale pour parvenir à l'énergie exaltante. Tout le contraire de la fatigue qui, elle, débilite.

À la question « comment ça va ? », la plupart des gens répondent maintenant : « Je suis fatigué. » Fatigué de travailler, de ne pas travailler, d'entendre le flot continuel de catastrophes planétaires, de crimes terroristes, de scandales financiers, de la déprimante répétition du passé qui témoigne de l'incapacité de l'homme à tirer parti de ses erreurs. Ils sont fatigués de courir après le temps, de parler sur leurs portables, de suspecter la qualité nutritionnelle de la bouffe, de payer trop d'impôts, de zapper les émissions, de vivre leurs histoires érotico-sentimentales. Ils sont exténués par l'agitation étourdissante qui les renvoie à une solitude aussi brutale qu'inattendue.

Les vieux sont fatigués moins à cause de leur âge que du fait qu'ils doivent jouer à rester jeunes, au risque de passer pour des dinosaures dont l'utilité n'a de sens que dans les musées. Les souverainistes, eux, sont épuisés par les défaites avec l'histoire, leurs luttes intestines et l'usure de leur rêve. Quant aux fédéralistes, radicaux ou asymétriques, leur fatigue perdure face à leur incapacité politique à en finir avec l'exacerbation québécoise.

Toutes les générations ont en partage, hors l'usage de la langue commune, une fatigue, devenue chronique elle aussi, d'entendre parler du manque d'argent. Une éducatrice d'un centre éducatif expliquait cette semaine que le document de bienvenue envoyé aux nouveaux élèves et bourré de fautes d'orthographe n'aurait pas existé si son établissement avait eu des « moyens », entendons ici un budget plus élevé. C'est bien connu, les riches ne font pas de fautes. De plus, ce manque d'argent pour faire le ménage dans les hôpitaux est mortel, comme le démontre la crise provoquée par la bactérie C. *difficile*. C'est fatigant d'y penser. Comme de penser à tout ce qu'on ne fait plus à cause du sentiment de pénurie financière personnelle et provinciale pendant qu'Ottawa se repose littéralement sur ses milliards.

C'est fatigant pour un enfant d'avoir comme premier objectif de gagner de l'argent et d'être riche, réponse qu'il donne spontanément quand on l'interroge. C'est épuisant pour les jeunes de toujours courir après l'argent qu'il leur faut pour se déguiser en panneau publicitaire vestimentaire. Et c'est encore plus fatigant pour la nouvelle génération de riches de constater que le « gros cash » les rend plus anxieux qu'heureux.

Enfin, « ça fatigue » de se plaindre de nos malheurs locaux, de nos petites misères, de nos déceptions momentanées, quand on assiste jour après jour et en direct aux tragédies qui se déroulent en Irak, au Darfour et partout sur la planète où on décapite, affame, violente et humilie. Ça nous fatigue même d'essayer de ne pas y penser.

23 octobre 2004

Reconnaissance

D'abord, la définition : « Sentiment qui pousse à éprouver vivement un bienfait reçu, à s'en souvenir et à se sentir redevable envers le bienfaiteur. » D'où il faut conclure que, de nos jours, la reconnaissance n'a guère d'adeptes.

Cette qualité de l'âme, peu de gens la cultivent. Il faut dire que les valeurs dominantes, à savoir le culte du présent et celui de l'individualisme, n'inclinent guère à se souvenir et à accepter que l'action personnelle ne surgit pas d'une mutation mais qu'elle est le fruit d'une continuité, donc tributaire des actions de ceux qui nous ont précédés. De plus, la reconnaissance est un devoir, et non un droit qu'on peut exiger, car cela signifierait que le bienfaiteur annule son geste généreux en demandant qu'on lui exprime de la gratitude.

Le leadership de Bernard Landry est au cœur des luttes intestines et farouches qui déchirent le Parti Québécois. Ils sont aussi nombreux qu'impatients, les militants qui souhaitent le voir partir et qui n'hésiteront pas à tirer à boulets rouges sur lui le moment venu. En ce sens, et quoi qu'il se produise à court et à moyen terme, l'heure de gloire du chef du PQ a sonné. Faut-il pour autant que ses adversaires le diabolisent et tentent d'effacer toute une vie consacrée à la cause qui l'a justifiée ? Bernard Landry ne peut pas exiger de la reconnaissance qui signifierait une adhésion à son leadership selon ses modalités à lui. Pas question de dire : « Je me suis dévoué, vous ne pouvez pas me chasser. » L'autocratie ne fait pas partie de nos mœurs. Mais ceux qui rongent leur frein et ces autres qui cherchent des sauveurs à Ottawa devraient avoir la décence de calmer les ardeurs de leurs supporters et de décliner les invitations dans les émissions de variétés où, entourés d'humoristes, ils viennent jurer leur fidélité à leur chef dont ils vantent les qualités qu'ils contestent en coulisse.

Les états de service de Bernard Landry, sa persévérance depuis plus de quarante ans, son expérience unique, rien de cela ne compte plus lorsqu'il s'agit de lutter pour le pouvoir, un pouvoir, rappelons-le, qui ne serait guère remis en cause si le Parti Québécois tenait le gouvernail à Québec. L'implacable mouvement vers un changement, moins qualitatif que nominal, ne s'accommode guère d'états d'âme qui permettraient la reconnaissance des qualités et de l'apport d'un homme qu'on dépouille de ses vertus pour mieux le combattre et ultimement l'abattre. Dure et implacable est la politique.

La reconnaissance devrait être enseignée au même titre que les droits qui nous sont impartis. En dehors des lois et règlements qui nous régissent, on ne peut exiger de quelqu'un qu'il soit notre obligé. L'enseignant enseigne, c'est la tâche qui lui revient et c'est son gagne-pain. Or il existe des enseignants dont le dévouement, la passion de transmettre et l'amour des jeunes magnifient le travail au point de le transformer en vocation. Cette générosité-là (un mot galvaudé de nos jours au point où il en perd son sens) devrait commander une forme de reconnaissance. Tant de gens ne font plus que ce qu'on les oblige à faire. En avançant en âge, on découvre l'influence bénéfique qu'ont eue certains professeurs sur nous. Il est en général trop tard pour le leur faire savoir.

Dans la vie quotidienne, au hasard des relations, il arrive qu'une personne, dans un geste parfaitement gratuit, nous apporte une aide, nous facilite un travail, dépense de son temps, en d'autres termes qu'elle déploie un zèle aussi inattendu qu'efficace, et ce, sans attendre de contrepartie. La gratitude n'est pas un sentiment qui s'éprouve à froid ; elle doit se manifester sur-le-champ. Quand entend-on un contribuable dire : « Je vous suis reconnaissant du temps que vous avez passé sur mon dossier » à un fonctionnaire (ça existe, eh oui) qui s'est débrouillé pour humaniser une démarche administrative froide et compliquée, aux conséquences embêtantes pour l'usager ? Un médecin ami reçoit des cadeaux de toutes sortes, bouteilles de vin, gâteaux, chocolats, fleurs, de la part de patients qui lui expriment leur gratitude, moins de les avoir soignés que de la qualité de l'écoute qu'il leur offre. Or, sauf de rares exceptions, ce ne sont jamais des Québécois de souche. Ces derniers sont plutôt portés à gueuler contre le temps d'attente et formulent même des reproches lorsque le médecin prend des vacances. Qui eût cru que la Charte des droits aurait un tel impact sur les attitudes et les mentalités ? En effet, le « j'ai droit » domine trop souvent dans nos relations à autrui.

La vie en société est devenue plus brutale, plus rugueuse, faite de diktats, d'exigences, de revendications et paradoxalement de démissions et de sentiment d'impuissance. La gratuité des gestes, le sens de l'honneur et la gratitude font partie des valeurs au rabais. Dommage !

30 octobre 2004

Les profiteurs

Le mot est vilain, et ce qu'il recouvre l'est bien davantage.
Pour certains, les profiteurs sont de petits malins qu'ils jugent
avec légèreté en haussant les épaules. Pour d'autres, à la morale sélective, ce sont des débrouillards car ils exploitent le
« système », cette chose informe, repoussante, à laquelle ils
affirment ne pas appartenir, on ne s'en étonnera guère. Pour
les gens honnêtes, les profiteurs sont condamnables, peu importe les explications. Enfin, il y a ceux, nombreux, qui dis-
tinguent petits et grands profiteurs, laissant entendre que les
petits limiteraient leur appétit s'ils avaient l'occasion de devenir des grands. Rien n'est moins sûr.

Les grands profiteurs sont ceux qui font changer les lois
pour bénéficier d'avantages fiscaux. Ceux-là peuvent même
devenir premier ministre de leur pays et, à ce titre, dénoncer
les inégalités dans le monde et chez eux. La mémoire étant
une faculté qui oublie et la législation ne se conjuguant pas
obligatoirement avec la morale, le peuple les porte au pouvoir, minoritaires mais au pouvoir tout de même. Parfois, les
grands profiteurs s'enveloppent dans un drapé de mécénat
afin que les miettes tombent de la table. C'est ce qu'ils ont
retenu de l'Évangile. Tous les riches ne sont pas de grands
profiteurs mais ces derniers sont tous riches.

La richesse étant la chose la moins partagée au monde,
les petits profiteurs sont infiniment nombreux et endomma-
gent la société à leur façon. Prenons ces dizaines de milliers
de faux étudiants qui fraudent le système de santé en se faisant rembourser des médicaments. Le vérificateur général du

Québec, qui a rendu public son rapport, se refuse à parler de fraude pour éviter « de faire des procès d'intention ». Il est bien de son temps, ce vérificateur. Pas de jugement, pas de culpabilisation : telle est la nouvelle approche face aux fraudeurs, aux voleurs, aux plagiaires. Un élève ne copie plus sur son voisin, il est distrait de sa propre feuille d'examen en ayant les yeux sur celle de son camarade. Les travaux universitaires ne sont pas plagiés, les étudiants et même les profs omettent simplement de citer leurs sources par distraction, encore une fois. Quant aux curriculum vitæ, remplis de diplômes imaginaires, les chances statistiques qu'ils soient vérifiés permettent ces risques.

Les organismes de charité qui distribuent des vivres et des vêtements connaissent bien les profiteurs, cette minorité qui réclame ce à quoi elle n'a pas droit, privant de ce fait les véritables nécessiteux. Il y a quelque chose de répugnant à voler les plus pauvres. Mais les profiteurs n'ont pas toujours comme objectif de s'en mettre plein les poches, ils peuvent aussi détourner la générosité à leurs propres fins. Lors de la guignolée, cette semaine, la corporation des psychologues a offert aux gens esseulés des conseils gratuits. Magnanime ? Allons donc ! Quelle publicité cette corporation a-t-elle cru retirer grâce à l'événement médiatisé à l'excès ? Les psychologues savent trop bien l'inutilité d'une démarche supposément thérapeutique sans lendemain. En s'associant à cette journée, ils ont voulu paraître généreux alors qu'ils annonçaient leur « produit » mis en vente dès le lendemain.

Personne n'est à l'abri d'une forme larvée d'exploitation de l'autre. Dans la vie quotidienne, il est si facile d'abuser de la naïveté, de la vulnérabilité ou de la fragilité des êtres que nous côtoyons. Une société de droits telle que la nôtre favorise d'ailleurs les profiteurs. Les gros et petits malins ont l'intelligence du système. Ce sont des siphonneurs d'avantages et de privilèges. Ils connaissent les règles, les lois et surtout la façon de les contourner et de les utiliser à leur profit. Lorsqu'ils sont puissants, ils s'offrent des orfèvres du droit pour éroder le système judiciaire ou législatif. Les petits malins, eux, misent sur le climat de rectitude politique et la menace de médiatiser un refus les concernant. La pusillanimité et la force d'inertie des fonctionnaires ou des bureaucrates font le reste.

Lors des ouragans qui se sont abattus sur cette pauvre Haïti, les Québécois se sont précipités, le mot n'est pas trop fort, pour donner argent et vivres afin que les malheureux habitants émergent de cette désolation. On sait maintenant que des tonnes de vivres sont toujours stockées à Montréal et qu'un demi-million de dollars dort dans un compte de banque, les organisateurs de la collecte de fonds destinant cet argent à d'autres fins que celles pour lesquelles les Québécois ont ouvert leurs goussets. Cela laisse planer sur toute l'opération un arrière-goût de suspicion et le sentiment d'une exploitation de la générosité. De là à conclure à de la malversation, il n'y a qu'un pas que plusieurs, échaudés par les révélations, franchiront. Cela rend l'opinion publique plus méfiante que nécessaire face à la sollicitation d'organismes humanitaires. Dommage.

Chacun contribue à l'honnêteté ou à la malhonnêteté collectives. La suspicion, la complaisance ou le cynisme sont un terreau favorable aux abus de toutes sortes et de tous degrés de gravité. Car la confiance demeure le meilleur ciment d'une société en quête de justice et de plus d'égalité.

11 décembre 2004

Grandeur et misère

Les catastrophes, paroxysme de la vie vécue, braquent une lumière crue sur la grandeur mais aussi sur la misère de la nature humaine. Elles révèlent les êtres en dépit et en deçà de ce qu'ils prétendent ou croient être. La tragédie asiatique fait partie de ces événements nous obligeant à réfléchir sur nous-mêmes et nos semblables.

Se confirme ici une mondialisation de la compassion. On assiste au déploiement d'une générosité qui nous console de sa contrepartie, à savoir l'utilisation marchande, politique ou idéologique de la tragédie. En ce sens, la conscience personnelle apparaît plus spontanée et plus authentique que la conscience collective exprimée par ceux qui nous gouvernent.

De plus, la géopolitique pèse sur la réaction au malheur. L'Europe, en général, a répondu dans les vingt-quatre heures en se mobilisant, pays par pays, alors que l'Amérique du Nord a tardé à réagir. La vacance de pouvoir à Ottawa fut mise en lumière sans équivoque par ce retard à intervenir. Et l'indifférence à Québec ne peut être dissociée du manque de préoccupation par rapport à la vie internationale. Comme si l'on n'avait pas compris que le sort de la planète et le nôtre sont intimement liés, en dehors de la sphère commerciale.

De l'enfant qui casse sa tirelire à l'employé qui envoie sa contribution financière à un organisme caritatif, du spécialiste des crises qui s'envole volontairement vers les pays touchés par le séisme à l'habitant d'une île dévastée qui partage le peu qui lui reste avec les naufragés, nous sommes à même de conclure que l'être humain sait s'oublier pour son prochain.

L'individualisme destructeur de civilisation est ici mis en échec.

Cela nous permet aussi de croire à l'héroïsme. Existent des êtres qui, par la valeur morale de leur comportement, s'arrachent aux déterminismes de toutes sortes, échappent aux faiblesses qui nous habitent, résistent à la tentation du confort pour donner à l'autre ce qu'eux-mêmes ont failli perdre. On n'a pas fini de recenser tous les actes de courage faits par des acteurs et des témoins des tsunamis. Et, sentiment rassurant, le courage n'a pas d'âge, pas de classe, pas de sexe et pas de nationalité. C'est l'être humain dans son essence, dans sa dimension universelle. En ce sens, tous ceux qui croient aux valeurs universelles au-delà des différences culturelles sont confortés.

Ces différences exacerbées actuellement en un choc violent des cultures sont éclatées. Les gestes de compassion, de tendresse, de réconfort sont les mêmes partout. La douleur de perdre un être cher, de souffrir dans son corps, s'exprime avec la même émotion, la même vulnérabilité. Cette mise à nu de l'homme est le lien le plus étroit et le plus puissant qui nous relie les uns aux autres. Notre grandeur y trouve son expression la plus accomplie.

Hélas, impossible d'ignorer la face sinistre, horrible de cette même nature humaine. Ceux qui nient l'existence du mal trouveront matière à méditer autour des actes haïssables qui glacent le sang et qui nous sont rapportés. Preuve que les salauds existent. D'abord, ces viols de femmes dans des régions éloignées, ces viols qu'on observe, nauséeux, au cours des guerres et tueries en tous genres. Puis ces kidnappings d'enfants orphelins par d'immondes personnages, en vue de les mettre sur le marché du sexe. Car n'oublions pas que ces plages idylliques balayées aujourd'hui par les vagues sont aussi des terrains de prédilection pour les clients de la prostitution adulte ou infantile.

En Suède, où le nombre de morts s'élève à plusieurs milliers, on a cessé de publier la liste des disparus pour éviter que leurs maisons soient pillées, ce qui avait commencé. « Le malheur des uns… », dit le proverbe. Lamentable aussi d'entendre des touristes sur place, étendus sur le sable, nous expliquer, souriants et sans gêne, que la vie continue, qu'ils avaient planifié leurs vacances et que, de toute façon, ils contribuent à la reprise du tourisme, nécessité vitale de ces pays. Comment peut-on se baigner dans ces cimetières marins que sont actuellement ces plages ?

Au-delà de toutes les explications sociologiques, économiques et psychologiques pour justifier pareils comportements, il n'en demeure pas moins que l'humanité se compose aussi de salauds, d'exploiteurs et de gens indifférents à la détresse, des gens sans conscience morale. Cela nous oblige à conclure qu'il existe chez l'être humain, nonobstant les déterminismes de tous genres, un espace de liberté. Certains choisissent le dépassement, d'autres ont un réflexe de charognard. Or, pour reconnaître le héros, il faut savoir qu'existe le salaud. Les catastrophes comme celle d'il y a quinze jours nous confrontent à cette réalité aussi glorieuse que méprisable.

8 janvier 2005

S.O.S.

Un des sentiments les plus innés et les plus familiers chez l'être humain est la peur. La confiance, elle, se développe. Cette peur surgit dès qu'on l'alimente. Il fallait entendre les gens cette semaine à la suite de la nouvelle sur les failles en matière de sécurité autour de nos grands barrages hydroélectriques. Dans les semaines qui viennent, chaque média va se retrouver sur les lieux d'équipements stratégiques pour nous faire la preuve de notre vulnérabilité collective. À n'en point douter, nous sommes à la merci des malfaisants, des têtes brûlées et des diaboliques. Vivre dans une société libre, c'est vivre dangereusement.

Cela étant, loin de nous l'idée de banaliser les failles de la sécurité aux installations d'Hydro-Québec. La légèreté dont on y a fait preuve est tout sauf justifiable. Mais on imagine qu'elle disparaîtra dans les prochaines semaines. Quant au président de cette société d'État, André Caillé, grand gestionnaire et visionnaire par ailleurs, on ne lui décernera pas la médaille d'honneur en communication pour cet épisode de son mandat. Mais il serait malvenu de remettre en cause sa compétence présidentielle au prétexte de l'incident. En faire un bouc émissaire afin de permettre au gouvernement de nous présenter une image de fermeté alors qu'il n'a été qu'hésitations s'agissant de décisions à prendre dans des dossiers autrement plus lourds comme celui du CHUM serait injuste. Hydro-Québec est une entreprise plus rentable et plus efficace que jamais grâce, en partie, à son président actuel.

Une fois les lacunes sur les barrages corrigées, devra-t-on, sous la pression de l'opinion publique, agitée par des démagogues, suréquiper toutes les installations névralgiques susceptibles d'attirer les terroristes et autres fêlés ? Les usagers du métro souhaitent-ils être systématiquement fouillés avant d'arriver sur les quais au cas où un kamikaze bardé d'explosifs aurait l'intention de se faire sauter dans son wagon sous terre, comme cela s'est produit en Europe ? A-t-on envie de vivre au quotidien comme si on passait la douane dans un aéroport de nos jours ? Sommes-nous prêts à payer les frais d'une sécurité renforcée dans nos maisons, nos chalets, dans les gares de bus, de trains ? Dans les écoles, les universités, les gratte-ciel, les pharmacies, les hôpitaux ?

Plusieurs réactions observées cette semaine démontrent à quel point l'insécurité est à fleur de peau. Pas surprenant, compte tenu du contexte international, de la médiatisation à outrance de faits divers à donner froid dans le dos, de la diffusion de scénarios catastrophiques, aussi virtuels que potentiels. On nous parle des risques d'épidémies, de grippe aviaire, de pandémies dues à des rétrovirus, des néobactéries et autres exocet à consonance scientifique. On apprend qu'on nous cache des incidents graves survenus dans le métro de Montréal, des mortalités importantes par médicaments mal administrés, et on nous menace quasiment de mort chaque fois que s'annoncent des chutes de neige ou, pire, de la pluie verglaçante. Dans ce contexte quasi hystérique, la révélation du manque de sécurité du symbole même de notre force collective, ces barrages puissants et dominateurs, deux épithètes qui ne collent pas à notre peuple, nous fait basculer dans la crainte et le tremblement, pour citer Kierkegaard. Et on accuse les Américains d'être devenus paranoïaques après le 11 septembre 2001 !

La peur est mauvaise inspiratrice lorsqu'on vit dans une démocratie, qui plus est une démocratie caractérisée par le vieillissement de la population. Or, en vieillissant, les personnes deviennent peureuses. De tout et de rien. Des intempéries comme de la nouveauté, des voleurs comme de la maladie. Les enfants, eux, craignent les catastrophes universelles, les fantômes, les méchants et la pollution, un peu comme on craignait l'enfer à notre époque. Entre l'enfance et la vieillesse, la peur aujourd'hui se manifeste de façon diffuse. Peur de l'échec scolaire, peur de ne pas trouver de travail, de l'avenir imprévisible, peur d'aimer, peur de se faire avoir, expression qui résume l'insécurité profonde qui est le lot de tant de gens. On peut penser que l'engouement et l'attrait quasi morbide pour les films d'horreur mais aussi de désorganisation planétaire sont une tentative d'exorcisation de nos démons non seulement intérieurs mais aussi sociaux. Dans nos villes, on ne laisse plus les enfants circuler seuls, nombreuses sont les femmes qui éprouvent une vraie peur à marcher le soir dans les rues, et le système d'alarme est désormais compris dans beaucoup de budgets familiaux.

L'encadrement sécuritaire des lieux publics coûte très cher. Et les moyens électroniques ne sont pas suffisants. Nombreux sont ceux qu'ont affolés ces images du journaliste marchant dans ces centrales désertes. Or, pour être rassuré, l'être humain a aussi besoin de voir des personnes en uniforme et armées si nécessaire. Nous ne sommes pas ici dans le domaine du rationnel. Les failles mises au jour à Hydro-Québec nous renvoient inévitablement aux démons qui rôdent en nous et dans une société à la merci des délires et des violences de quelques-uns.

19 février 2005

Les intouchables

On les savait célèbres; ils se sont révélés grossièrement et tristement célèbres. Il a fallu que, dans le cadre des nouvelles de 22 h à TVA, il y a dix jours, je m'interroge sur la pertinence d'user d'une langue indigente pour faire rire pour qu'une tempête sous forme d'injures, d'insultes et d'attaques ad hominem soit déclenchée par des amuseurs publics. La riposte a été scatologique de la part de quelques-uns, d'autres ont évoqué mon âge, qui me classerait dans les *has been*, trop nombreux ont été ceux qui m'ont conseillé de m'exiler en France, façon de mettre en doute ma québécitude, alors que d'aucuns ont fait surgir le vieil argument de l'élite qui méprise le peuple. Bref, qu'on le sache, défendre la qualité de la langue parlée au Québec comporte des risques. Et une dénonciation d'humoristes vedettes entraîne chez ceux-ci des outrances verbales où la violence le dispute à la grossièreté. La réaction est trop forte pour ne pas tenter de l'analyser. Elle nous renvoie à des démons que l'on croyait dominés et nous confronte aux perversions qu'entraîne la popularité médiatique.

D'abord, il faut être troublé par l'impossibilité de discuter raisonnablement de la qualité de la langue parlée chez nous. La réaction épidermique consiste alors à discréditer quiconque s'y hasarde en le traitant ni plus ni moins de vendu. Le fait que, parmi les jeunes, on trouve tant de chantres du « vrai Québec, hostie » qui, dans un même souffle, expriment un dédain, pour ne pas dire une haine de la France et des « maudits Français », en dit long sur notre libération collective et sur les progrès du système d'éducation. Il faut croire aussi que, pour certains, il est plus acceptable de faire référence à la qualité quand il s'agit de jauger ce qu'on ingurgite, ce qu'on se met dans le nez ou ce qu'on inhale qu'en matière de langue parlée. On demeure également estomaqué devant le lien obligé entre la correction langagière et la trahison ethnoculturelle. Le Québec se diviserait alors entre ceux qui singent la France et les authentiques qui parlent comme on parle. Ne sommes-nous pas nés pour un petit pain linguistique ? L'affirmation nationale, entendue dans cette perspective, nous ramène à un misérabilisme déprimant.

N'y a-t-il pas lieu de croire que l'envahissement de l'humour à toutes les sauces pourrait être une réponse à ces défaites collectives que représentent les référendums passés ? (Défaites pour les deux camps puisque le problème demeure.) Ce besoin de rire des autres, surtout des faibles, recouvre tout le champ politique. L'humour, instrument de la critique sociale, n'existe à peu près plus. Les humoristes nous sont devenus indispensables. Sans eux, croit-on, l'ennui nous guette et les cotes d'écoute s'affaissent. On les sert donc à toutes les sauces et, faute de pouvoir se les offrir, car ils coûtent cher, très cher dans certains cas, on s'oblige à se substituer à eux. On est tous obligés d'être drôles ; les enseignants devant leur classe, les politiciens quand ils s'adressent à leurs commettants par le truchement des talk-shows, voie royale de la communication de nos jours, et les créateurs, les artistes, même les gens d'affaires quand ils veulent joindre le plus grand nombre.

La popularité qui découle de la médiatisation piège trop de détenteurs de cotes d'écoute. C'est peu dire qu'ils perdent la tête. S'appuyant sur leur notoriété, ces amuseurs publics finissent par s'attribuer le rôle de définisseur social. Ils distribuent les laissez-passer vers le peuple auquel ils ont momentanément (mais cela, ils l'ignorent) un accès direct et spectaculaire. De là à se croire les dépositaires en titre de la volonté populaire, il n'y a qu'un pas qu'ils franchissent avec d'autant plus de célérité qu'ils vivent éblouis par les « spotsmiroirs » reflétant leur image. Ils s'attribuent une immunité que leur envient les membres de l'Assemblée nationale vivant sous le regard scrutateur de la presse. Aucune convention, aucun code ne les embarrasse. Ils sont au-dessus des lois régissant la civilité, le bon goût et la morale. La référence langagière, c'est la langue qu'ils parlent, et ce qui se fait, c'est ce qu'ils font. À preuve, des millions de gens les regardent, les admirent, les envient, et ils gagnent davantage en un an qu'un assisté social toute sa vie durant. Ils vivent hors du peuple mais s'en réclament puisque celui-ci les plébiscite en achetant des places à leurs spectacles et en zappant en leur faveur devant leur télé. De là à exiger l'adhésion totale et l'unanimité, il n'y a qu'un pas, franchissable mais glissant. Ces intouchables (à leurs yeux) ont perdu le sens du dérapage contrôlé. Alors, ils fracassent leur image après avoir abusé de leurs mots, transformés en maux.

5 mars 2005

Calamiteux

Le débat dont nous avons pris l'initiative et qui a « enfin » soulevé de vraies passions et quelques outrances malheureuses a encore une fois permis aux tenants de la langue « d'icitte » de faire surgir comme un diable de sa boîte la riposte qui se résume par cette phrase historique calamiteuse : « On n'est pas en France, on est au Québec. » Ces adversaires de l'amélioration du français parlé (on se demande comment cela peut exister mais, hélas, cela est bien vivant) qui nous incitent à nous expatrier en France si on veut parler comme les Français, on a envie de les envoyer paître dans les prés où les mots ne sont d'aucun recours.

Comment expliquer d'abord que persiste, avec une virulence sans cesse renouvelée, cet atavisme antifrançais qui s'alimente de préjugés, de distorsions historiques et d'un complexe d'infériorité d'autant plus réel qu'il est nié ? Mettre en avant la qualité de la langue parlée est vécu comme une attaque contre l'identité québécoise par un nombre encore trop considérable de gens pour qu'on n'en soit pas alarmé. Quarante années de révolution culturelle tranquille n'auraient donc servi à rien ?

On réagit comme si notre vie culturelle était encore tributaire de celle de la France, comme on l'observait avant 1960. Le théâtre, le cinéma, la chanson, la littérature, la danse, les arts de la scène, qui ont tous connu des réussites spectaculaires, n'auraient donc guère contribué à nous convaincre de la force de notre singularité. Pourquoi le désir de mieux nous exprimer menacerait-il notre existence en tant que Québécois et, surtout, serait-il le cheval de Troie de la France pour nous coloniser culturellement ? Pourquoi ce pays avec lequel nous partageons encore majoritairement nos racines apparaît comme un repoussoir alors qu'il est le seul au monde à contenir un capital d'affection à notre endroit qui explique pourquoi tant de nos créateurs y sont reçus à bras ouverts ? Y a-t-il ailleurs sur la planète une autre société qui nous aime, nous respecte et nous admire autant collectivement ? Et, avant tout, qui ne souhaite sous aucun prétexte nous imposer sa perception du monde, de la culture, et sa façon de parler ? Par contre, à l'exception des expatriés volontaires qui se sont assimilés, quels sont les Québécois aujourd'hui qui singent les Français et ont honte d'être d'ici ? Il faut donc creuser nos assises, se laisser descendre, comme Alice, dans les abysses de notre inconscient collectif pour trouver des réponses à ces dérangeantes questions.

Comment, par exemple, notre identité peut-elle être affirmée avec tonitruance sur la place publique et être en même temps si fragile ? Pourquoi la langue « d'icitte » serait-elle davantage nôtre que la langue « d'ici » ? Au moment où le maoïsme sévissait en Occident alors que l'intelligentsia vantait Mao marchant sur les eaux et fermait les yeux sur les exactions et les tortures des Gardes rouges pendant la Révolution culturelle, on désignait par l'expression *sunshiners* ces chantres pour qui même les cloaques chinois étaient exemplaires du seul fait qu'ils se situaient en Chine. Nous avons chez nous de ces *sunshiners* qui croient qu'on doit conserver une langue malade, indigente, déficiente, incorrecte, argotique, du seul fait qu'on la baragouine ici et, faut-il le préciser, surtout à Montréal et dans les médias.

Et que penser de la dénonciation de l'élitisme associé à la correction langagière ? Qui trahissons-nous lorsque nous nous exprimons correctement ? Un peuple « mythique », sorte de création mystificatrice d'une petite bourgeoisie scolarisée, privilégiée, qui a mauvaise conscience d'avoir accédé à plus d'éducation formelle, plus de confort, plus d'information et plus de superflu que ses ancêtres, qui ont trimé et se sont serré la ceinture afin que leurs enfants, soit nous, émergent de la misère culturelle de laquelle peu se savaient prisonniers et dont ils espéraient que nous fussions délivrés ?

C'est le labeur ancestral, c'est la fierté traditionnelle que nous trahissons en faisant l'éloge du mal parlé, en truffant de jurons et de sacres les conversations les plus anodines et en se revendiquant du « vrai » peuple, celui des arrière-cours, des ruelles et des bouges. Qui trahissons-nous en traitant de faux Québécois ceux qui s'efforcent de mieux parler, qui traitent leur entourage avec cette politesse qu'on retrouve dans un Québec populaire toujours vivant mais silencieux et effacé ?

Cette obsession de l'élitisme se retrouve particulièrement dans le haut de l'échelle sociale, qui a le cœur à gauche et la tête vissée dans les privilèges. Il y a quelques années, le Conseil des ministres du gouvernement québécois avait rejeté le projet d'une campagne pour améliorer la langue parlée au Québec au prétexte que ce genre de campagne était élitiste. Comme quoi la trahison vient aussi de ceux qui crient par ailleurs à la trahison.

Et si nous étions nos pires ennemis ?

2 avril 2005

Chut !

À la commission Gomery, le verbe « taire » se conjugue à tous les temps. Il y a d'abord ceux qui se taisent au présent. Ils jurent de dire la vérité et, en se taisant, ils ne racontent pas de mensonges. Ils sont plutôt rares dans cette catégorie car, inévitablement, sous la pression des interrogatoires, plusieurs finissent par répondre qu'ils ignorent ce qu'ils savent, ce qui les transforme derechef en menteurs. Et non seulement ils mentent mais ils se parjurent. Faut-il s'étonner que, pour eux, mettre la main dans leur poche ait plus de sens que la poser sur la Bible ou que le fait de jurer sur leur honneur ne prendrait son sens que s'ils étaient honorables ? D'autres devraient se taire plutôt que d'accuser leur mémoire défaillante car c'est fou ce que la mémoire est malmenée devant le juge Gomery. Dans tous ces trous de mémoire, le mensonge se tapit au point où la vérité devient introuvable. D'ailleurs, il faut se demander si ces menteurs haut de gamme n'ont pas réussi à se taire à eux-mêmes la vérité. En d'autres mots, ils croiraient leurs mensonges et auraient oublié la vérité, donc ils diraient vrai.

Plusieurs menteurs témoins sont des séducteurs-nés. Ils ont de la faconde, ils manient l'humour, s'expriment élégamment et dégagent ce charme empoisonné des fourbes de bonne famille. C'est peu dire que la culpabilité est un sentiment qui leur est étranger. L'ambition effrénée, l'obsession de l'argent et une conviction politique rebaptisée « fédéralisme rentable » (pour eux) excluent la culpabilité. On ne commet pas de faute quand on est du bon bord et lorsqu'on s'en met plein les poches avec la bénédiction lointaine de fantômes rôdant au bord de la rivière des Outaouais. Ils auraient même pu se taire à moindre coût dans la mesure où ils auraient eu l'assurance que la manne continuerait de tomber.

Il y a une autre catégorie, celle de ceux qui se sont tus mais qui s'attablent désormais parce que coincés et lâchés par ceux-là mêmes qui les nourrissaient. Ce sont d'anciens menteurs reconvertis car il leur a bien fallu mentir pour maintenir une façade de légalité et de légitimité. Ils parlent et, parce qu'ils n'ont rien à perdre, ils laissent surgir la vérité, cette arme qui, l'espèrent-ils, détruira ceux qui les ont trahis. Et c'est ainsi que nous savons peu à peu ce que nous soupçonnions, ce que nous imaginions, ce que nous redoutions.

La commission Gomery, que les cyniques tentent de banaliser pour mieux la discréditer, nous en apprend plus que nous ne le croyons. Elle est une scène exceptionnelle où se jouent des classiques : *L'Avare*, *Le Joueur*, *Le Bourgeois gentilhomme*, *L'Idiot*, *Le Malade (non) imaginaire*, *Les Fourberies de Scapin*. Et on notera au passage que les femmes y sont quasi absentes. Non qu'elles ne sachent pas mentir, mais l'appât du gain et la cupidité demeurent apparemment un domaine réservé aux mâles. Pour les témoins de la commission Gomery, l'égalité des sexes, qu'ils doivent certainement défendre une main sur le cœur et le programme du Parti libéral dans l'autre, ne s'étend pas aux commandites, ses ristournes et ses commissions. On est entre hommes étant dans le gros cash.

Un scandale comme celui qui nous occupe n'est pas le fait que de premiers rôles. On y trouve des rôles secondaires, des figurants, des voix hors champ (souvent au téléphone) et des observateurs dont la passivité renforce le système. Tous ces gens se sont tus, ont détourné le regard ou attendu que ça passe. Sauf de rares exceptions, comme cette pauvre Myriam Bédard, qui doit croire qu'il eût mieux valu pour elle qu'elle se taise compte tenu des malheurs qui l'ont par la suite accablée. Puisqu'on peut mentir par omission, il faut en conclure que le nombre de personnes impliquées dans cette machine à imprimer de fausses factures, à distribuer par intermédiaires

véreux de vrais chèques alimentés par notre argent, est beaucoup plus imposant qu'on le laisse croire.

Pour que la démocratie soit une réalité vivante, cela
suppose que chaque citoyen se perçoive comme un chien de
garde de celle-ci. Cela exige un minimum d'implication personnelle et le sentiment que sa voix peut faire la différence.
En démocratie, on ne peut pas se taire, fermer les yeux sur
des exactions, des injustices, des illégalités, sans se transformer en complice. En ce sens, ce qu'on appelle la majorité
silencieuse est une force d'inertie. Le « je me mêle de mes affaires » ou le « j'aime mieux me taire » sont des phrases as-
sassines de la démocratie. Tout au long de ce scandale, des
centaines de gens ont su, mais des centaines d'autres n'ont
pas voulu savoir. Savoir qu'on nous ment et faire semblant
qu'on l'ignore est une autre façon de mentir. En ce sens, les
menteurs ne défilent pas tous devant la commission Gomery.
Chut ! Il ne faut pas le dire !

23 avril 2005

La misère urbaine

Ils étaient des dizaines. De jeunes hommes pour la plupart. La résignation se lisait sur certains visages. Quelques-uns avaient le regard hagard de ceux qui sont encore là où la vie les a cassés. Il y avait aussi quelques agités qui cherchaient une excuse pour pousser leurs cris. D'autres quêtaient en attendant l'heure de la soupe. C'était devant la Maison du Père, boulevard René-Lévesque. Ces hommes errants ne dégageaient qu'impuissance, malheur, misère, pauvreté et solitude. On était loin de l'image du mâle dominateur, autoritaire et bourreau. Ces hommes attendaient qu'on les nourrisse. Au propre et au figuré, dirions-nous. Ce spectacle se déroulait dans l'indifférence générale des automobilistes momentanément en arrêt à cause du feu de circulation.

Quelques intersections plus au nord, des jeunes, très jeunes, déguisés en monstres d'Halloween ou tout simplement clochardisés, se disputaient autour d'un sac en papier brun dont le contenu semblait désirable. Leur regard à eux indiquait l'hallucination. Ils étaient sales, plusieurs avaient le visage transpercé par les piercings et les échancrures laissaient entrevoir des tatouages aux couleurs fortes. Les piétons les contournaient sans manifester la moindre émotion.

Ces deux scènes font partie du paysage urbain. Elles ne sont ni exceptionnelles ni dérangeantes. Non, elles ne dérangent personne, et il se trouve même des chantres de cette misère. Ceux-là mêmes qui trouvent tant de vertus à l'anonymat des grandes villes et qui considèrent que ces habitants misérables incarnent en quelque sorte la liberté de vivre à sa guise. Pour eux, voilà l'expression de la tolérance. Or nous sommes ici en face de notre aveuglement collectif qui ne recouvre que l'indifférence de chacun d'entre nous à l'endroit des laissés-pour-compte. Toutes les bêtises ont été écrites, toutes les idioties ont été dites sur la marginalité des démunis. Sur le fait par exemple que leur choix de vie repose sur l'exercice de la liberté, voire sur une contestation sociale. Mais que peut-on contester quand on est prisonnier de ses angoisses, qu'on est habité par des démons qui nous terrassent, qu'on n'a ni feu ni lieu et qu'on ne peut compter que sur l'anonymat de son propre déguisement?

La misère urbaine, c'est aussi cette agressivité rampante qui ne cesse de se développer, particulièrement au volant. Il y a des conducteurs qui semblent prêts à tuer un piéton qui s'est distraitement engagé sur la voie alors que le feu est rouge. Le « chus dans mon droit », cette phrase massue qui décrit si précisément celui qui la prononce, empoisonne la vie commune. À Montréal, l'absence de courtoisie accroît le stress et ajoute à l'insécurité des personnes âgées de plus en plus nombreuses à circuler dans les transports en commun. Des personnes âgées de plus en plus seules, envers lesquelles on manifeste trop souvent de l'agacement. Elles ne marchent pas assez vite, ne se ruent pas dans le flot des voyageurs du métro. C'est peu dire qu'ils sont rares, ceux qui leur cèdent leur place dans les transports en commun, comme on nous enseignait à le faire dans les cours d'éducation civique de l'époque jurassique. « Espèce de conne! », s'est fait dire une lectrice dans le bus par un trentenaire, allure Plateau Mont-Royal, qu'elle avait effleuré avec son sac à main. Et que dire des bras d'honneur, des majeurs vers le ciel, des mimiques grimaçantes à la moindre hésitation à une intersection? Et ces cyclistes qu'on apostrophe en hurlant ou alors d'autres cyclistes qui foncent sur les piétons et les envoient balader avec un vocabulaire emprunté à certains humoristes?

La misère urbaine à Montréal, c'est tout cela, mais c'est également une dégradation du mobilier urbain, des rues à la chaussée défoncée qui ressemblent à celles de pays en guerre et une saleté qui ne s'explique pas uniquement par la fin de l'hiver. La ville est devenue sale, et il faut avoir voyagé un tant soit peu pour s'en rendre compte. La misère urbaine, c'est aussi cette image de désolation qui nous renvoie à une pauvreté du civisme. Ces artères et ces ruelles jonchées d'ordures sont grouillantes de gens qui, si on les interrogeait, répondraient sans doute que ce n'est pas de leurs affaires ou, pire, que chacun a le droit de faire ce qu'il veut ou qu'ils n'ont de leçon à recevoir de personne.

Les étrangers sont frappés par le nombre de quêteux dans les rues, par leur jeunesse en particulier. Ils ne connaissent pas notre histoire, ignorent que cette société, au nom d'un progressisme criminel, a mis à la rue ses malades mentaux, rebaptisés « clients » ou « bénéficiaires des services de psychiatrie ». Ces itinérants n'en sont pas car ils n'ont aucun itinéraire ; ils dérivent dans la ville sans que le passant ait envie de savoir où ils vont ou qui ils sont. Seuls ces saints modernes que sont les travailleurs de rue se soucient d'eux. On vante beaucoup Montréal, son dynamisme, ses festivals, sa joie de vivre. À voir en plein cœur de la ville ces immeubles abandonnés, ces façades vérolées, ces trottoirs encombrés de déchets, à observer les visages sans joie et le laisser-aller vestimentaire, on se dit que la joie de vivre est un camouflage.

30 avril 2005

Lassitude

Il existe une expression qui s'applique parfaitement à l'état d'esprit actuel : « avoir quelqu'un à l'usure ». Dans toutes sortes de domaines, on nous a eus à l'usure, si bien qu'on ne rêve plus que des vacances, qui permettront non seulement de faire le vide momentané mais aussi d'effacer ces irritants répétitifs subis au cours des derniers mois.

D'abord, les révélations de la commission Gomery ne suscitent plus que des haussements d'épaules, des sourires entendus et des remarques blasées. L'affaire est désormais classée aux yeux de l'opinion, dont une partie n'a pas résisté au fatalisme. « Ils sont tous corrompus », « On le savait déjà » : ces deux phrases closent une discussion qui n'a plus lieu d'exister. L'usure a fait son œuvre d'érosion de l'indignation. On retrouvera ses vieux réflexes au moment de voter puisque, contrairement à ce qu'on aimerait croire, la plupart des gens sont incapables de transformer définitivement leurs choix électoraux initiaux. Il faut être extrêmement politisé pour jouer de son vote en fonction des circonstances.

On nous a aussi eus à l'usure avec ces menaces de renversement du gouvernement Martin, si bien que les prochaines mais hypothétiques tentatives risquent d'apparaître comme un acharnement aussi futile que déplacé. De plus, le résultat des élections au Labrador empêche un renouvellement du suspense, si bien qu'on s'accommode de vivre le reste de l'année avec un Parti libéral dont on aura probablement oublié en 2006 qu'il aura implosé à ce point sous l'effet des révélations scandaleuses le concernant. On nous aura eus à l'usure, ce qui est caractéristique des partis à convictions molles mais à fort désir de pouvoir.

Une mobilisation de l'opinion devant les nouveaux tiraillements au sein du gouvernement Charest, autour du Casino de Montréal cette fois-ci, est impensable. L'incapacité apparemment viscérale du premier ministre à décider d'un enjeu en ralliant son équipe sans heurts visibles n'intéresse désormais plus que les aficionados de la politique politicienne. On est moins las de l'incompétence apparente de Jean Charest à trancher avec célérité, c'est-à-dire à gouverner, que du fait qu'on nous rebat les oreilles de son handicap. Ici encore, on risque l'usure, laquelle ne présage guère du résultat éventuel des prochaines élections. L'expérience enseigne que l'agacement, voire l'ennui, ne mène pas obligatoirement à choisir de changer les choses.

Il faut espérer de toutes nos forces que les révélations successives sur les abus sexuels contre des enfants n'entraînent pas cette usure de l'indignation, objet de notre chronique. Le drame de Nathalie Simard, enfin révélé au grand jour, doit échapper à cette règle. Il est moralement interdit de s'habituer à ces actes en s'enfonçant dans un passionisme au sujet de la nature humaine de telle sorte qu'il devienne impossible de croire à la capacité de l'être humain de dompter ses démons. Pour cela, il faut se résigner à admettre que le mal existe, donc que le bien demeure accessible. En ces matières, l'usure de la sensibilité sert de sauf-conduit à l'agresseur. Chaque nouveau cas d'abus qu'on rend public doit nous toucher comme s'il était le premier que l'on découvrait, et notre tristesse, mêlée de rage, ne doit pas être amoindrie.

L'usure émotionnelle qui nous plonge dans une lassitude souvent débilitante est un guet-apens quotidien dans notre monde de libre circulation de l'information. Celui qui, de la courageuse Nathalie, dirait : « Qu'elle se calme maintenant et cesse d'en parler publiquement » deviendrait, en plus d'être indigne, l'allié objectif de tous ces agresseurs d'enfants qui nous entourent. Ce n'est pas faire preuve de paranoïa que de constater le nombre effarant de cas dont les médias se font l'écho chez nous et ailleurs dans le monde. Cette semaine, c'était le réseau pédophile espagnol. Ce fut la France il y a quelques semaines. Demain, ce sera dans notre quartier. L'œuvre de mémoire à laquelle participe Nathalie Simard nous interpelle tous.

La lassitude morale s'installe en nous insidieusement. À propos de détails d'abord, puis la suite est affaire de degré. L'expression « avoir quelqu'un à l'usure » implique l'imposture, la fourberie et l'hypocrisie du manipulateur ou du système en place. Être un bon citoyen mais avant tout se comporter avec dignité et responsabilité suppose une vigilance intellectuelle et émotionnelle, l'émotion étant souvent le déclencheur de l'engagement social. Face à l'usure, seule l'alerte nous protège. On doit répéter *ad nauseam* justement que l'individualisme torpille la vie communautaire. Entre protéger une personne et transformer une personne en tyran avec l'aide du droit, il y a une différence de nature. Pour vivre en communion avec nos semblables, il faut communier à leurs malheurs. Il faut les comprendre sans perdre de vue les principes directeurs qui guident nos vies. Le contraire de la lassitude, terreau des injustices.

28 mai 2005

Balancier

L'expérience qui vient forcément avec l'âge nous enseigne que le retour du balancier est un mouvement inévitable. Elle nous apprend aussi que si le roseau plie mais ne rompt pas, l'excès de pression produit en général une cassure. Dans notre démocratie menacée par les lobbys, il se pourrait bien que l'année qui débute soit celle du retour, à peine perceptible à l'heure actuelle, du balancier affolé depuis plusieurs années.

La tolérance sociale est devenue un fourre-tout. Elle recouvre l'indifférence ou, au contraire, le noyautage de l'opinion publique par des groupes d'intérêt. Elle indique parfois le refus d'évaluer les comportements, les gestes et les paroles. Or cette tolérance au dos large risque de diminuer. La société québécoise, devenue réfractaire aux institutions, à l'exercice de l'autorité et aux rôles sociaux, ne s'en trouvera pas plus mal. On ne peut pas faire perdurer l'éclatement de nos institutions, de notre mémoire collective, nous déraciner de nos croyances passées, de nos idéaux, sans y perdre le souffle de vie. En d'autres termes, sans créer une culture du cynisme ou, pire, du néant, comme trop d'expressions de notre déprime collective ; cette dernière, déjà mise en relief dans cette chronique, le laisse croire.

Une observation attentive de nos nouveaux engouements pour le parler cru, l'absence de normes tant vestimentaires que relationnelles, l'obsession de l'anticonformisme, l'éloge de toutes les marginalités, déviances et outrances, nous amène à conclure que la tolérance serait devenue le nouveau conformisme. Cela expliquerait, en partie du moins, le succès des Jeff Fillion et autres Bougon. Jusqu'à présent, l'opinion a semblé tout accepter de ces modèles culturels souvent à l'opposé de la façon de vivre des gens qu'on ne peut plus qualifier de normaux puisque la norme est un concept éculé mais que nous désignerons par le terme « ordinaire », comme dans « monde ordinaire ». Les sociologues, eux, savent qu'une société n'existe pas hors norme, mais nos gourous actuels, souvent issus du système médiatique, aiment à le prétendre.

Les institutions les plus susceptibles de créer la sécurité sans laquelle l'activité humaine tourne à vide, à savoir le mariage, la vie de couple et la famille, ont trop souvent servi de repoussoir depuis quelques décennies. Le mariage suscite le scepticisme, voire la risée, alors qu'il est de bon ton de décrier les relations familiales puisqu'elles ne découlent pas d'un choix personnel.

L'individualisme ne semble pas supporter l'existence de structures imposées sans le consentement de ceux qui les subissent. Nous sommes à l'ère de la mutance et de la génération spontanée. Le nombril est exhibé, non comme signe de rattachement à un autre être, évidemment la mère, mais plutôt comme lieu central de l'affranchissement, c'est-à-dire de l'autoconception. Les amis ont été substitués aux parents car ils offrent cet avantage pratique de pouvoir être congédiés selon le bon vouloir du je tout-puissant. Évidemment, on ne congédie pas son père, sa mère et sa fratrie même si, parfois, on les renie. En ce sens, les liens du sang sont indestructibles.

À quoi rêvent les jeunes filles et les jeunes garçons de nos jours, ceux qui ont 20 ans et moins ? Eh bien ! contre toute attente, ils sont nostalgiques du bon vieux temps de leurs grands-parents, ils écoutent le groupe Mes Aïeux, ils considèrent la famille comme un idéal, espèrent vivre en couple et croient que l'amour, dans leur cas, pourrait durer toujours. Ils veulent des enfants, souvent plusieurs, c'est ce qu'ils disent, et leur vie sexuelle est plus tardive et, surtout, plus calme que celle de la génération aujourd'hui dans la trentaine. Le mot « fidélité » ne les fait pas s'écrouler de rire et, pour plusieurs, leurs parents sont leurs modèles. Avec un tel état d'esprit, il faut s'attendre, à l'avenir, à un affrontement de taille entre ces enfants dont le conservatisme prend sa source dans un désir légitime d'apaisement et d'harmonie et la génération de tous les éclatements qui est en train de mourir de rire et s'avance vers le pouvoir.

La tolérance comme nouveau conformisme est une coquille vidée de sa substance. Par exemple, la décision de subventionner davantage quelques écoles juives ne relève pas de la tolérance mais de l'aveuglement, de la démagogie et de la gestion politique sous pression d'un petit groupe. Elle ouvre de nouveau la porte à l'enseignement confessionnel, et on comprend la réjouissance exprimée par une association musulmane qui n'attendait que ce genre de bêtise pour exiger la même chose. Cette décision gouvernementale risque de provoquer une réaction chez tous ceux qui croient à la déconfessionnalité de l'école et qui ont contribué à soutirer le pouvoir à l'Église catholique.

Trop de tolérance mène à une vraie intolérance. Le retour du balancier peut se faire ici plus vite que prévu.

15 janvier 2005

Vive la différence ?

Le point d'interrogation ici indique la position dubitative. Le débat est ouvert partout en Occident et l'effet de balancier dont il fut question dans une chronique antérieure se fait sentir chez nous comme ailleurs. Il s'agit des menaces, le mot n'est pas trop fort, que le multiculturalisme, si cher à Pierre Elliott Trudeau, à Jean Chrétien, au Canada politiquement correct et au Québec de la Charte la plus avancée du monde (un exploit discutable), fait peser sur l'intégration nécessaire des immigrants qui trouvent refuge chez nous.

Pour ne pas nous faire dire le contraire de ce que l'on pense, il faut donc prévenir les béats et les angéliques du respect de la culture de l'autre jusqu'à la désintégration de la société d'accueil d'aller se refroidir l'esprit. Les conservateurs bornés qui rêvent de fermer nos frontières aux immigrants n'ont rien à faire dans ce débat non plus. Sans immigration, ce pays n'a pas d'avenir. Aujourd'hui, la question est autre. Avec le multiculturalisme triomphant, où allons-nous comme société ? Que faisons-nous de notre héritage, de nos racines, de nos valeurs ?

On a financé des écoles juives, des écoles grecques, des écoles arméniennes. Par gentillesse, par ouverture d'esprit, par respect de la différence et de l'identité, nous qui avons subi la dénégation de notre distinction collective. Le métissage social colore le Québec, le fait chanter sur tous les tons, sort sa littérature des lieux clos où l'avaient enfermée son passé religieux étouffant et son folklore agricole. Les gens de bonne volonté, le cœur à gauche et la tête bien faite, sont tous d'accord sur ce point. Mais il est temps de se dessiller les yeux, de cesser de croire à la bonté universelle et à l'altruisme sans limites. Une société d'accueil ne peut pas créer à l'intérieur d'elle-même des forces centripètes à cause du risque d'éclatement que celles-ci comportent.

Les revendications des islamistes à propos de la religion, de l'exclusion d'activités scolaires pour les filles, de séparation des sexes, le refus de se faire soigner par un médecin mâle pour les femmes musulmanes, comme cela se passe quotidiennement à Montréal dans les hôpitaux, et la survivance d'écoles religieuses ou ethniques publiques financées complètement par les contribuables, tout cela est hautement contestable.

Le jour n'est pas loin où l'on ne pourra prononcer le « nous » collectif indissociable du passé en « terre de nos aïeux » sans se faire taxer d'être intolérants, passéistes, voire cryptofascistes. Or, si la contribution des immigrants à la construction du Québec est fondamentale, si leur exclusion du « nous » canadien-français tricoté serré fut le résultat en partie de notre propre politique en matière d'enseignement religieux qui excluait les non-catholiques, il n'en demeure pas moins que la majorité que l'on appelait « de souche » a créé un rêve collectif où le respect de l'autre, l'ouverture et la tolérance sont offerts en partage. Notre capacité à nous autoflageller et à nous excuser a atteint ses limites depuis longtemps.

Pour assurer notre avenir dans le respect de ce qui nous a fondés en tant que peuple, il faut évaluer désormais si l'on doit encourager l'immigrant, par toutes sortes de mesures et de lois, à vivre parmi nous comme s'il s'agissait d'un lieu neutre, sans passé et sans valeurs communes, où il peut reproduire la société qu'il a quittée. En d'autres mots, doit-on le ghettoïser par choix en institutionnalisant ses revendications identitaires ? Au Canada, on peut vivre selon ses croyances dans la sphère privée, dans les limites de nos droits ; mais dans la sphère publique, c'est une autre affaire. L'intégration apparaît comme la seule solution pour que la majorité ne se sente pas comme une minorité dans son propre pays. Le danger de ce multiculturalisme où les Canadiens français ne constituent ni plus ni moins qu'un groupe parmi d'autres au Canada, ce multiculturalisme risque désormais de nous désintégrer collectivement. Sans oublier le relativisme culturel qu'il implique. La fameuse phrase « C'est dans leur culture » excuse alors des pratiques inqualifiables, des inégalités entre les sexes insupportables, et fait perdurer des mentalités archaïques qui s'accordent mal avec la société moderne.

S'il faut de tout pour faire un monde, il faut aussi que ce monde partage un minimum de valeurs communes. Dans ce pays, on ne bat pas les enfants, on ne jette pas les ordures dans la rue, on envoie les enfants en classe, on ne parle officiellement que deux langues, résultat de l'histoire du pays, on respecte le code de la route et on ne pratique pas la loi du talion. À trop vouloir mettre en avant ce qui nous distingue plutôt que ce qui nous rassemble, on se prépare un réveil brutal, comme l'indiquent certaines revendications de lobbys ethnoculturels et religieux.

Il y a une différence entre les droits des individus et les droits collectifs. Cela ressemble à une déconstruction de ce « plus beau pays » si cher à celui qui avait pour mission quasi divine de consolider l'unité canadienne. Si la Charte des droits est devenue l'auberge espagnole où l'on trouve ce qu'on y apporte, il faudra bien que des gens courageux se lèvent pour dire que les lois sont faites pour être remises en question et éventuellement être changées.

5 février 2005

Le droit des uns

La situation rendue publique à l'hôpital Sainte-Justine pose de façon dramatique, d'autant plus qu'il s'agit d'enfants dans ce cas-ci, le problème de la primauté de la liberté individuelle si chèrement gagnée dans nos sociétés libérales (entendues ici au sens philosophique, cela va de soi). Les tribunaux, à ce jour, ont interprété la loi en protégeant l'individu de façon absolue. Le Dr Réjean Thomas a raison d'affirmer qu'il n'y a pas de solution simple à des questions complexes, arguant qu'on n'allait tout de même pas faire passer des tests de dépistage du VIH à tous les médecins, lesquels, compte tenu de cela, pourraient dès lors exiger de faire passer des tests aux patients. Caricature, outrance ou logique implacable pour tenter sans doute d'éviter la « chasse aux sorcières » contre les malades du sida. Cela est compréhensible, mais justement, ce raisonnement-là n'est pas exempt d'interrogations non plus.

Nous sommes au cœur d'un débat moral dont la gravité ne doit être altérée ni par une couverture médiatique au sensationnalisme insupportable ni par des combats idéologiques de groupes d'intérêt pour lesquels la défense de leur cause ou de leurs pairs prime toute autre considération. À l'hôpital Sainte-Justine, le comité d'éthique avait conclu dans le sens de la protection absolue et de la primauté du droit du médecin atteint du virus à pratiquer son métier sur le droit du patient à être protégé. Le médecin se retrouvait avec la liberté d'avouer ou de ne pas avouer à ses patients et à la direction de son hôpital son état de santé. Il y a là une reconnaissance implicite de la suprématie de la volonté et de la responsabilité individuelles, car cette chirurgienne devait se plier à des conditions de pratique précises qu'elle appliquait, on le suppose, selon sa déontologie professionnelle et aussi – cela est important – personnelle, car on n'imagine pas un vérificateur au-dessus de son épaule lorsqu'elle opérait.

La réflexion doit nous mener plus avant. Reconnaître la liberté individuelle par le droit est un acquis que peu de gens souhaitent contester. Mais il faut reconnaître que le droit de l'un s'exerce souvent au détriment du droit de l'autre. Or, par un effet paradoxal face au droit lui-même, on installe une hiérarchie, qu'on le veuille ou non. On recrée une sorte de système des « forts » et des « faibles ». Le violeur auquel les tribunaux permettent de se soustraire à un test de VIH fait triompher sa liberté sur celle de sa victime. Odieux, bien sûr. La chirurgienne, aujourd'hui décédée, a opéré un grand nombre d'enfants. Elle en avait le droit : le comité d'éthique lui avait reconnu ce droit en vertu, là aussi, d'une jurisprudence. Pourtant, et on le sent bien au malaise qu'on éprouve, la conclusion que l'on croyait satisfaisante laisse un arrière-goût d'injustice profonde.

Compte tenu de la spécialisation de ce médecin, n'aurait-on pas fait preuve de plus de sagesse, de prudence et, disons-le, de jugement en lui confirmant son droit d'exercice de la médecine mais en l'affectant à des tâches d'enseignement, de recherche ou d'ordre clinique ? Existe-t-il une telle chose que le droit fondamental à opérer ? Qu'en serait-il d'un médecin atteint d'une autre maladie de nature infectieuse, le SRAS par exemple ?

Les fondements sur lesquels repose la liberté qu'on reconnaît aux individus se résument clairement par la formule « la liberté de l'un s'arrête là où commence celle de l'autre ». L'interprétation des limites de l'un s'articule autour de cette frontière invisible mais néanmoins sacrée, ce point de rupture de l'équilibre dont la conséquence négative – on en a la preuve par les jugements de tribunaux et les conclusions des comités d'éthique – inféode la liberté de l'un à celle de l'autre. La liberté se trouve ainsi dénaturée puisqu'elle ne peut en aucun cas écraser celle de l'autre.

Depuis plusieurs années, l'interprétation de la Charte par les tribunaux lors des causes de ce genre fait grincer des dents. La morale telle qu'elle est comprise dans les jugements n'est pas à l'abri des modes, des tendances et des discours inspirés de la rectitude politique. Les juges vivent tout de même parmi nous et ne s'imposent pas toujours la distance nécessaire entre leurs propres croyances, leurs propres opinions et la loi. Ce sont des êtres humains, heureusement, doit-on ajouter. Les tendances sociales se vérifient dans les jugements des tribunaux et, par extension, dans les comités d'éthique. Le principe sacré de la confidentialité, un élément important dans le cas présent, pèse lourd face au droit de savoir des patients et leur protection.

La nature humaine étant ce qu'elle est, abandonner à la conscience de chacun une décision qui, dans ses conséquences, peut mettre en péril la vie et l'intégrité d'une autre personne est un acte aussi noble qu'inconscient, aussi respectueux qu'irresponsable. Opposer des statistiques en réponse aux interrogations inquiètes est une façon à la limite cynique de faire face à la situation. Ce cas illustre de façon lumineuse que le pragmatisme est parfois la pire des réponses à la dimension morale de l'action humaine.

24 janvier 2004

Au-delà des étiquettes

Cataloguer les gens, habitude haïssable, est souvent une façon de se rassurer soi-même. En effet, contrairement à ce que
l'on croit, s'adapter au mouvement et au changement demeure un exercice difficile, parfois même souffrant. L'effet de
surprise est loin de plaire à tous.

C'est pourquoi il devient impératif pour un grand nombre de personnes de classer les gens selon des critères connus.
On est de gauche ou de droite, progressiste ou conservateur,
fédéraliste ou souverainiste, exploiteur ou exploité, bourreau
ou victime. Et les amalgames sont clairs comme de l'eau de
roche. À gauche, on est progressiste, souverainiste, vague-
ment exploité et victime du système. L'inverse va de soi. Avec
cette grille d'analyse, tout s'appréhende et s'explique. Le
corps de doctrine, les dogmes et la liturgie sont en place afin
que l'action et la solution s'imposent. C'est le prêt-à-penser.

Ceux qui choisissent d'échapper à cette reposante di-
chotomie le font à leurs risques et périls. Parlez-en à John
Kerry, l'homme que les nuances ont rendu infirme face à un
George W. Bush qui a compris depuis longtemps que même
dans le doute, on ne doit pas s'abstenir. Parlez-en aux libres
penseurs égarés en politique, tel le ministre Philippe Couil-
lard, chez qui on sent un malaise à jouer la politique parti-
sane, ou encore Liza Frulla, qui se fait rabrouer pour avoir
offert son droit de parole sur la question de la diversité culturelle à son homologue québécoise, libérale de surcroît.

Certains voudraient confiner le discours à l'intérieur
des corridors étroits et étouffants de l'appartenance culturelle,

générationnelle, sexuelle, sociale, voire religieuse. Sur les sujets graves et délicats touchant les questions de vie et de mort, les néomoralisateurs départagent les uns et les autres en deux camps : les progressistes et les réactionnaires. Une mère de 56 ans qui, après avoir été gonflée aux hormones, accouche de jumeaux incarne le progrès pour les adorateurs de l'ingénierie médicale, qui considèrent le corps humain comme un instrument et l'éthique comme un parasite. L'éloge de la maternité et de la famille apparaît d'arrièregarde pour ceux, trop nombreux, qui appellent nostalgie et passéisme la recherche d'une forme d'équilibre social. À croire qu'il existerait des vertus à faire l'apologie de la dénatalité dramatique qui caractérise la société québécoise et met en péril son avenir, sans parler de l'éclatement de la famille, dont on constate les dégâts à l'intérieur de nos propres expériences. Or le désir d'enfanter n'aliène pas les femmes, et le rêve d'une stabilité familiale n'est pas un gage de crétinisme psychologique ou social. En d'autres termes, le progrès ne peut être confondu avec l'éclatement de structures dites traditionnelles.

On a expérimenté le prêt-à-penser autour de la mort d'Arafat. Dans les médias, les tribunes radiophoniques, la plupart des intervenants discouraient à partir de leur propre camp. Les pro et les anti-Israël se transformaient en détracteurs ou laudateurs d'Arafat. Or, s'il est un personnage ambigu, complexe, contradictoire, c'est bien Yasser Arafat, dont les derniers jours, entre secrets et rumeurs, ont illustré l'opacité de l'homme. Celui qui, au fil des ans, est devenu le symbole de son peuple et a incarné la cause palestinienne, avec ses égarements et ses dérives, cet homme échappe à l'analyse dichotomique. L'aveuglement des uns et des autres n'éclaire ni le leader ni son action. Le psychodrame autour de sa mort aura au moins permis de saisir la complexité du conflit. Le lourd silence des dirigeants arabes, l'intransigeance arrogante des dirigeants israéliens, la connivence de la France qui n'oublie jamais ses intérêts, l'absence de sympathie du président Bush, la bagarre de ses proches autour du cadavre encore chaud, la tristesse véritable du petit peuple en Palestine, le courageux éloge *post mortem* de l'ex-premier ministre israélien Shimon Peres, tout cela doit être pris en compte si on veut comprendre la suite. Sans règlement de ce conflit par des voies politiques qui supposent nuances, compromis et sacrifices des deux côtés, notre paix à tous ne sera pas assurée. Ceux qui divisent les adversaires de cette lutte entre bons et méchants font perdurer la violence, celle du gouvernement d'Israël et celle des fedayins. Ceux qui les appuient avec aveuglement chez nous deviennent leurs alliés objectifs.

La non-appartenance à un camp ne signifie pas l'absence d'engagement. Refuser de parler, au nom de son appartenance sociale, de sa génération, de son sexe, de sa religion, n'implique pas obligatoirement trahison, feinte, indifférence. Cela suppose une capacité à vivre dans l'impopularité, ce qui de nos jours peut relever de l'exploit. Et la cohérence de la pensée n'exclut pas qu'elle soit paradoxale. Être en contradiction avec soi n'est pas nécessairement une tare intellectuelle. Les voies vers la liberté de pensée sont parfois détournées et multiples.

13 novembre 2004

Le peuple élu

Il y a ceux qui les voient partout. À les écouter, ceux-ci contrôleraient le monde. D'autres s'irritent de l'espace public qu'ils occupent. Ils s'en méfient, les soupçonnent de solidarité à la limite du tolérable. Cette semaine par exemple, certains ont estimé qu'ils l'ont jouée fort. « Comme toujours, ils en mettent trop », a dit un auditeur à la radio, tout fier d'apporter un bémol à l'émoi autour de la commémoration du 60ᵉ anniversaire de la libération d'Auschwitz. Il s'agit des « Juifs », bien sûr, des « Juifs » comme représentation fantasmée d'un peuple qui a bien failli être éradiqué de la terre, n'eût été la défaite de Hitler et du nazisme.

Pour avoir vécu le début de la semaine en Europe et la fin au Québec, on est à même de constater l'énorme fossé de la réaction des deux côtés de l'Atlantique. Bien sûr, c'est en Europe que s'est déroulé l'innommable. C'est la France qui a collaboré avec le régime hitlérien. C'est dans les pays européens que sévissait l'antisémitisme. C'est là aussi que le même antisémitisme a repris du poil de la bête et une vigueur incontestable sous la poussée de l'islamisme radical. Le « plus jamais ça » inscrit à la porte des camps de la mort est hélas d'actualité avec ces attentats contre des Juifs et des lieux juifs. Ajoutons aussi l'amalgame que nombre de gens se complaisent à faire entre « les Juifs » comme entité monolithique et la politique israélienne de Sharon, hautement critiquable par ailleurs. Parmi les anti-Israéliens, nul doute que se camouflent des antisémites qui ne cherchent que des excuses pour accuser « les Juifs », ces fauteurs de troubles.

Il y a un mystère insondable à constater que, chez nous, des gens par ailleurs ni ignorants ni démunis véhiculent une espèce d'antisémitisme larvé. Ce sont des « oui, mais ». Auschwitz, « oui, mais » le Darfour. Les chambres à gaz, « oui, mais » les massacres à la machette au Rwanda. Comme si la barbarie subie par d'autres peuples devait affaiblir ou relativiser celle qui s'est abattue sur le peuple juif, que Hitler a réussi à éliminer de moitié avant sa chute.

« Les Juifs ont souffert, oui, mais ils sont devenus paranoïaques. » C'est un autre bémol très répandu que l'on entend chez les bien-pensants, déguisés en tenants de la nuance psychosociale. Ce sont les mêmes qui crient au complot antifrancophone dès qu'un idiot à la Don Cherry déblatère sur les *French Canadians*. Comment réagirions-nous si, au XXe siècle, un des peuples les plus avancés de la planète, sous l'emprise de son Führer, avait voulu éradiquer les Canadiens français au seul titre qu'ils étaient Canadiens français ?

Comment peut-on véhiculer les clichés éculés sur les Juifs qui contrôleraient la presse, le cinéma, les affaires, voire les industries culturelles canadiennes, sous prétexte que quelques personnes d'origine juive se retrouvent à la tête d'organismes publics ou d'entreprises de presse ? Pourquoi le lobby juif soulève-t-il plus de méfiance que le lobby des affaires, le lobby homosexuel ou le lobby féministe ? Et pourquoi surtout sommes-nous à même de faire la distinction par exemple entre le lobby féministe et les femmes, le lobby homosexuel et les homosexuels, alors que le lobby juif serait indissociable des « Juifs » ? Gênant, non ?

Plus troublant : la réaction populaire au financement des écoles privées juives s'est enflammée. Le débat, enfin, a existé, et le gouvernement Charest a dû revenir sur sa décision de financer ces écoles. Disons-le clairement : ce financement est inacceptable et l'enseignement religieux devrait se faire en dehors de l'école publique, laquelle, par contre, a la responsabilité de mettre au programme des cours d'histoire religieuse afin de fournir une culture religieuse aux jeunes. Mais la vigueur de la réaction et la quasi-unanimité contre le financement des écoles juives nous obligent à nous interroger. Comment se fait-il que le financement à hauteur de millions de dollars d'écoles publiques grecques ou arméniennes laisse l'opinion indifférente ?

À croire que les Juifs constituent un peuple élu pour être soupçonné, pour être le bouc émissaire des malheurs et des frustrations des autres peuples. On s'étonne que l'ONU en fasse si peu pour le Darfour, où se meurt une population traquée et exsangue. Mais l'ONU a mis soixante ans avant de commémorer mardi la libération d'Auschwitz et de se recueillir sur les victimes de l'Holocauste. Et Vladimir Poutine a reconnu jeudi, pour la première fois de l'histoire russe, l'existence de l'antisémitisme dans son pays. Et on trouve que « les Juifs » ont du pouvoir et dominent le monde !

29 janvier 2005

Éternel recommencement

« L'homme est un loup pour l'homme. » L'affirmer s'impose à nous quand on observe, jour après jour, les événements mondiaux. Et ce qui est grave, c'est la désensibilisation que la répétition des horreurs provoque chez la majorité des gens.

Prenons le cas d'Haïti, un des pays, rappelons-le, les plus pauvres du monde, ballotté depuis son indépendance par les tyrannies de ses dictateurs successifs, enfoncé dans des malheurs devenus endémiques, dont les seuls habitants qui échappent à son destin tragique sont ceux qui vivent à l'étranger. Ce n'est sans doute pas politiquement correct de le dire, mais l'incapacité à gouverner ce pays autrement que dans le chaos et la violence n'est pas le fait de puissances étrangères mais des Haïtiens eux-mêmes. Ne faut-il pas chercher dans la culture haïtienne les causes de cet échec et l'explication première de la fuite des habitants vers des cieux moins cléments sur le plan climatique mais plus vivables sur le plan politique ? Comment expliquer, par exemple, que tous ces Haïtiens éduqués, intellectuels sophistiqués, écrivains talentueux, professionnels brillants, qui enrichissent les sociétés qui les accueillent, le Québec au premier chef, aient été incapables de jouer dans leur pays d'origine le rôle de leader qu'ils exercent ailleurs ?

Aristide, l'ex-prêtre formé à la démocratie, premier président élu, a lui-même sombré dans la corruption et la violence et s'est en peu de temps transformé en chef exécuteur des meurtres et tortures si caractéristiques du régime depuis plus de cent ans. Le peuple, exsangue, est la victime expiatoire de ses monstres intérieurs, qui ne semblent guère lui donner de répit. « Le mal est infini », affirment les Haïtiens, laissant entendre par là qu'ils ne croient pas que cette descente historique aux enfers puisse arrêter. La désensibilisation de l'opinion mondiale, qui hausse symboliquement les épaules, l'air de dire « que faire ? », exprime une impuissance dangereuse car elle alimente le cynisme. Et le cynisme, on le sait, est un poison pour la démocratie.

Désormais, il existe une conception humanitaire des relations internationales qui bouscule l'ancien principe de non-ingérence dans les affaires intérieures d'un pays, soit l'assistance à un peuple en danger. Les troupes américaines, françaises, chiliennes et canadiennes débarquées ces derniers jours n'ont qu'une mission : empêcher les meurtres et les tortures, dont on sent bien par les déclarations de certains nouveaux maîtres des lieux qu'ils pourraient se poursuivre car la mort apparaît ici, hélas, plus attirante que la vie.

Même scénario destructeur en Irak, où les crimes perpétrés au nom de Dieu se répètent depuis des siècles. A-t-on déjà oublié la terrible guerre dont on calcule qu'elle a fait plus de un million de morts entre l'Irak et l'Iran alors que Saddam Hussein sévissait dans un pays dont les nostalgiques aveuglés parlent désormais comme du bon vieux temps ? Les fous de Dieu, clé du paradis au cou, à peine sortis de la puberté, ont rougi de leur sang pour l'éternité la terre maudite de ce coin du monde où le destin les a fait naître et grandir. Sunnites et chiites, unis dans une même haine, otages de barbus aussi dingues que terrifiants, se font déchiqueter pour qu'Allah, le vampire, s'abreuve à satiété. Saddam, lui, doit se réjouir que ses ennemis traditionnels, les chiites, meurent et souffrent encore et toujours. Pendant ce temps, l'Occident discourt sur la « modération » des mollahs iraniens qui télécommandent les attentats parce que, désormais, les femmes de Téhéran réussissent à troquer le tchador pour un voile plus léger sans se faire vitrioler dans les rues de la capitale. C'est indéniable, cela marque un progrès par rapport au règne précédent, où Khomeiny s'était empressé de faire diminuer l'âge du mariage à neuf ans pour les filles quand il avait fait son entrée triomphale pour prendre la place du shah. Ce dernier, hélas, avait défendu une modernité sociale en conservant une structure féodale de pouvoir où le bon vouloir du prince écrasait toute velléité de contestation. Les attentats de cette semaine sur le territoire irakien annoncent le pire, et ce, pendant que les Américains, enlisés, recommencent à espérer qu'un patricien de la Nouvelle-Angleterre, terre de tolérance, berceau de leur démocratie, accède à la Maison-Blanche et mette fin à leurs tourments.

Le monde se partage entre les pays où on se tue et les autres où on lutte pour ne pas se tuer. Car telle est la nature humaine. Les sociétés qui entretiennent le culte de la sorcellerie ou qui sont sous l'emprise d'un tyran ou d'un dieu aussi vengeur qu'obsédé de morale sont des sociétés où la violence et la peur minent toute possibilité d'évolution sociale. Chaque peuple doit être maître de son destin, mais ce principe n'exclut pas le jugement que l'on peut porter sur lui. Les peuples peuvent aussi s'autoflageller et se victimiser eux-mêmes en dehors de toute domination étrangère. Les théocraties sont des fossoyeurs de liberté, et la trahison des élites, un crime contre le peuple. Il faut se le répéter sans cesse pour conserver notre espoir de changer les choses.

6 mars 2004

Le vrai triomphe de la terreur

Terrible et déprimant constat : les fondamentalistes islamiques ont d'ores et déjà réussi leur œuvre d'intoxication des esprits. En effet, nombreux sont les Occidentaux qui établissent une équation entre George W. Bush et Saddam Hussein, voire Oussama ben Laden. Ils sont également nombreux à croire sincèrement que l'action terroriste actuelle disparaîtrait d'elle-même si les Américains se retiraient d'Irak et que les pays alliés seraient à l'abri s'ils se distanciaient de la politique américaine.

La gauche occidentale, elle, va plus loin en donnant à penser que les inégalités sociales sont à la source de cette dérive politico-religieuse, ce qui sous-entendrait que l'idéologie qui anime les terroristes a pour objectif la justice et le bonheur collectif. Cette gauche est en train de reproduire son modèle du siècle dernier alors qu'elle s'était faite muette et aveugle devant les horreurs staliniennes au nom du Grand Soir, qu'elle avait idolâtré Mao, l'éradicateur de la culture, et les Khmers rouges, créateurs d'un homme nouveau sur les charniers d'un génocide. La gauche avait aussi plébiscité Castro, le sauveur de son peuple, celui-ci si heureux qu'il n'a eu de cesse de s'enfuir dans des coquilles de noix souvent transformées en cercueils marins. Aujourd'hui, l'analyse du terrorisme islamique par plusieurs se fait à partir d'un schéma explicatif qui franchit allégrement la mince frontière entre explication et justification. La vision romantique de l'acte terroriste au nom de la cause noble a la vie dure.

Ainsi donc, pour éviter des bombes dans nos métros, sur nos gratte-ciel ou dans nos avions, nos dirigeants n'ont qu'à s'abstenir de gouverner contre la volonté d'Al-Qaïda. En clair, Al-Qaïda, défenseur de l'Irak occupé par les Américains, étend son bras vengeur sur les autres pays qui osent les appuyer. Obéissons et nous serons à l'abri. C'est avoir la mémoire courte et oublier tous ces attentats antérieurs à la guerre contre Saddam Hussein et au 11 septembre 2001, ces bombes qui ont tué en Europe, aux États-Unis, où le World Trade Center avait déjà été pris pour cible, au Moyen-Orient, au Pakistan, en Afrique. Il faut une bonne dose d'aveuglement et d'ignorance pour croire que le terrorisme islamique (à distinguer du terrorisme palestinien, en riposte à la politique israélienne) serait une quelconque réponse à la misère et à l'humiliation des populations musulmanes. Mais par qui sont donc dirigés tant de pays qui se réclament de leur Allah à eux, sinon par des tyrans tortionnaires, kidnappeurs de leur propre peuple, entourés d'une cour servile et apeurée et protégés par des cerbères armés et illuminés ? Les dirigeants qui cherchent une voie vers plus de démocratie, tels le roi du Maroc et le premier ministre tunisien, sont vomis par ces fous de Dieu. On en veut pour preuve les bombes de Casablanca.

Il est faux de croire qu'Al-Qaïda et ses disciples s'attaquent à l'Amérique de Bush. Celle de Kerry n'y échapperait pas non plus, de même que l'ensemble des démocraties peuplées de « chiens de chrétiens, de porcs et d'impurs ». Les fondamentalistes sont guidés par la haine des valeurs qui nous définissent. Le monde qu'ils rêvent d'instaurer, les talibans nous en ont donné un avant-goût. C'est un monde où la femme disparaît sous la burqa grillagée et informe, asservie et réduite à un instrument de reproduction. C'est un monde où les créateurs sont étouffés, au propre et au figuré, où tous les marginaux sont éliminés, où la musique est interdite, le rire flagellé, le sexe vomi et la liberté lapidée.

Rien n'est plus troublant que d'entendre autour de nous les commentaires des uns et des autres sur les attentats et ceux qui les commettent. Il y a quelque chose du syndrome de Stockholm dans la perception que certains s'en font. Chez d'autres, le ressentiment, les humiliations enfouies, les frustrations, les déceptions et la rage contenue semblent trouver à s'exprimer, cristallisés dans ces actes mortels. Les semeurs de mort frappent aussi notre imagination en distillant la haine. Et, de cela aussi, il faut avoir peur. Les spécialistes de la psychologie des profondeurs pourraient nous éclairer sur quelques effets troubles et dérangeants du climat dans lequel l'Occident vit désormais. Il fallait entendre les Londoniens cette semaine, qui attendent que les bombes sautent.

Il y avait une espèce d'impatience dans leurs propos, l'air de dire « que ça saute au plus vite », comme s'ils voulaient se libérer de cette présence morbide. Les Français, eux, vivent sur le qui-vive à cause de la politique sur le voile. Tous ceux chez nous qui se croient à l'abri de ce chaos devraient s'interroger s'ils ont quelque velléité de voyage. Sauf à se replier dans la forêt et à vivre en ermite coupé du monde et de son murmure, personne n'est à l'abri de la terreur qui menace ce que nous avons acquis de plus précieux, ces valeurs qui fondent notre liberté, si fragile soit-elle. Onze millions d'Espagnols dans les rues du pays la semaine dernière ont incarné cette dignité grave et silencieuse, seul rempart contre cette forme de barbarie.

20 mars 2004

Tout voir, tout savoir

Chaque jour, les limites de la décence sont repoussées. Chaque jour, le voyeurisme étend son territoire. Chaque jour, la barbarie pollue les derniers replis de notre espérance d'un monde meilleur. Impossible de se mettre à l'abri, à moins de se soustraire complètement à l'univers médiatique en ne lisant plus de journaux, en n'écoutant plus la radio et en éteignant la télé.

Les images insoutenables de ces corps calcinés et pendus sur lesquels s'acharnent de jeunes garçons irakiens au sourire triomphant glacent jusqu'à l'âme et on se sent flétri d'y avoir posé le regard. De quelle liberté se réclame-t-on pour diffuser de telles images ? Quel principe sacré peut avoir préséance sur le respect dû aux cadavres de ces martyrs dépouillés de leur nom, de leur nationalité et de leurs fonctions, extraterritoriaux de leur appartenance sociale pour n'être plus que des êtres humains dont on a violé l'humanité ? Au nom de quel autre principe expose-t-on ces enfants, ivres de haine et d'excitation trouble ?

Certains médias se sont abstenus de publier toutes les photos et toutes les images, confirmant ainsi que les seuils de tolérance ne sont pas absolus et qu'il existe de telles contraintes que l'éthique professionnelle et la morale individuelle. Comment se protéger soi-même d'une fascination aussi morbide qu'ambiguë, qui crée en nous un malaise indéfinissable ? Que penser de ceux qui, aveuglés de haine anti-américaine, ont publiquement commenté ces actes en les attribuant à la présence de l'armée en Irak ? Comme si les auteurs de ces barbaries étaient justifiés et n'allaient pas répéter leurs tueries contre leurs ennemis futurs, adversaires politiques, religieux ou autres ! Le voyeurisme ici ressemble à une complicité après l'acte. Fuir ces images devient alors un acte de respect pour soi-même.

La barbarie comporte des degrés. Les causes scabreuses qui se retrouvent devant les tribunaux sur notre petit bout de planète n'ont rien d'édifiant. La couverture médiatique pose aussi problème. Est-ce la liberté de presse qui oblige à raconter dans les moindres détails les activités sexuelles d'un criminel néanmoins confrère ? C'est peu dire que l'indécence ici a atteint de nouvelles limites. Lorsqu'un journaliste, Simon Durivage, interroge Robert Gillet avec une complaisance gênante en insistant avec un sourire gêné sur sa réputation d'amateur et de coureur de femmes (suggérant par là qu'il les aime), les limites de la décence sont repoussées. Aimer les femmes au point de les payer contre faveurs sexuelles à odeur d'urine, voilà une jolie définition des rapports amoureux. D'autres commentateurs mâles se sont sentis obligés de nous informer qu'ils se fichaient bien que le condamné fréquente des prostituées – « y a rien là » –, à condition qu'elles ne soient pas mineures. Il faut dire que de nos jours, il est plus inoffensif d'avouer qu'on va au bordel qu'à l'église.

C'est parce qu'on connaît les conséquences néfastes de la censure qu'il est devenu interdit d'interdire. Mais cette liberté de presse si chèrement acquise, qui aurait imaginé qu'elle servirait à justifier la diffusion massive d'égarements aussi intimes ? Personne n'aurait pu prévoir, il y a encore quelques décennies, que l'intimité sexuelle banalisée deviendrait le fonds de commerce d'une industrie florissante et omnipotente. On est en droit de s'interroger sur le bien-fondé de la libre circulation absolue des idées et des images. À preuve, nos sociétés se sont donné des limites en criminalisant certaines pratiques et certains propos. Ce qui est en cause ici n'est pas de même nature. Il s'agit d'une absence de mesure, d'une grossièreté (appelons-la intellectuelle) et d'une vulgarité de sentiments de la part de gens qui font métier d'informer. Ce n'est pas en la censurant que triomphera cette liberté d'expression et de presse. Il s'agit plutôt de se policer soi-même en refusant la complicité comme témoins oculaires de ces dérives. Le public doit aussi assumer la responsabilité de ce qu'il regarde, écoute et lit dans les médias. Et les journalistes sont également responsables du traitement de l'information qu'ils transmettent.

Le droit et la morale ne peuvent pas être confondus. Et la tolérance n'a rien à faire avec l'acceptation passive d'une déliquescence sociale qui dépouille les comportements humains de leur expression symbolique et spirituelle. Se cacher derrière des principes pour justifier une complaisance, relents de décadence dont le but inavoué est de choquer pour augmenter le tirage et les auditoires, contredit ces principes à leur face même. Drôle d'époque où plus personne n'a de regret, de remords et de honte, ces sentiments liés à la conscience morale, et qui situent l'homme au-dessus de l'animal.

3 avril 2004

L'horreur

Hélas, l'horreur aussi est humaine. C'est une leçon qu'on apprend très vite, même si elle rebute notre foi en un monde meilleur. Cette conscience de l'inhumanité de l'homme départage souvent les optimistes des pessimistes. Les premiers traversent la vie blessés et heurtés de façon quasi permanente par les dérives humaines. Les seconds, paradoxalement, parce qu'ils ont tendance à toujours imaginer le pire, en arrivent à connaître des bonheurs furtifs, éblouis, en découvrant que l'héroïsme existe, que l'homme réussit à se surpasser, à se policer et à se dépouiller de ses instincts de tueur.

Les tortures infligées par l'armée américaine aux prisonniers irakiens, aussi choquantes soient-elles, étonneront avant tout ceux qui croient qu'une démocratie, fût-elle en guerre, échappe à la dérive. La haine distillée par des dirigeants qui incarnent l'État entraîne le mépris et la terreur de l'autre, nommé ennemi. Elle conduit une fille de 20 ans à tenir en laisse un homme dénudé et meurtri, suscite chez des garçons le désir pervers d'humilier, de chosifier et, éventuellement, de tuer à mains nues des victimes exécrées qu'on aura préalablement photographiées, une indication de la disparition de toute censure morale chez ces *boys* par ailleurs si prompts à se mettre la main sur le cœur en entonnant leur hymne national.

Le système démocratique qui permet à la presse de publier ces preuves insoutenables, qui tolère qu'une opposition scandalisée se fasse entendre haut et fort, n'arrive pas à créer un barrage bétonné pour faire face aux tortionnaires potentiels. La culture démocratique prouve ainsi à la fois sa force et sa fragilité mais ne permet à personne de clamer son innocence. En ce sens, chacun est susceptible de dérapage, chacun est soumis à la tentation de l'intolérance, chacun s'est laissé un jour habiter par un fantasme de tuer ou de frapper l'ennemi idéologique, le traître à son cœur, l'adversaire de ses intérêts ou le bourreau de ses proches.

La psychologie des profondeurs éclairerait cet aspect dérangeant, à savoir le besoin de mettre en scène les exactions, de les filmer et de les photographier. Cela procède de la pornographie, dont on peut imaginer qu'elle n'est pas ignorée de ces soldats pour lesquels sexe et mort, sexe et humiliation, sexe et cruauté semblent intimement associés. En ce sens, ces troupiers et ceux qui les dirigent jusqu'au plus haut niveau de la hiérarchie rejoignent d'une certaine manière les fondamentalistes, aussi obsédés de sexe au point de nier aux femmes le droit à l'existence sociale, à la liberté et parfois – nous en avons des exemples – à la vie même. La haine des uns et des autres les soude plus étroitement que tout ce qui, apparemment, les distingue. Saddam Hussein et ses fils ont aussi filmé des meurtres, voire des partouzes, preuve supplémentaire qu'il existe une mondialisation de l'horreur et de la perversité sexuelle. Qu'en sera-t-il lorsque les archives de l'Arabie Saoudite, du Yémen, de la Tchétchénie, de la Corée du Nord nous seront accessibles ?

La violence institutionnalisée, à quelque niveau que ce soit, ouvre la porte à des horreurs abyssales. Chaque négation du droit marque une étape vers plus de violence, surtout lorsque celle-ci est le fait des institutions de répression que sont l'État, l'armée, la police. Réprimer la répression n'est pas contradictoire. Lorsque la Loi sur les mesures de guerre a aboli les libertés civiles au Canada en octobre 1970, ouvrant la porte à des arrestations aussi arbitraires que farfelues, des policiers, ivres d'un pouvoir illimité, se sont amusés à simuler des assassinats par balle en braquant leur arme sur la tête de certains détenus. C'est l'assurance de la punition et la peur de la condamnation, autrement dit un plus grand contrôle répressif, qui ont peu à peu réduit chez nous ce qu'on appelle les bavures policières. Les tenants du volontarisme et de la pédagogie incitative ont aussi besoin de cet appareil punitif pour parvenir à civiliser, dans le sens le plus accompli du terme, certains détenteurs du pouvoir policier. Mais l'un ne va pas sans l'autre.

L'homme ne devient un animal raisonnable qu'au terme d'un long combat contre ses instincts, ses peurs, ses désirs, son agressivité et son sens de la survie, parfois incompatible avec celle d'autrui. L'histoire nous enseigne depuis l'époque des Lumières que l'humanisme, seul rempart contre la barbarie personnelle et collective, est moins contagieux qu'on ne le croit. Le respect de l'autre, en particulier lorsqu'il s'agit de l'adversaire ou de l'ennemi du moment, exige un effort surhumain. L'abolition de la peine de mort et le rejet de la torture sont des gains obtenus par une minorité de gens qui se sont battus contre des adversaires mais surtout contre leurs propres démons, contre leur propre nature. Avant que d'être un sentiment moral, la vengeance est un réflexe. Tuer ceux qui nous assassinent, décapiter ceux qui représentent ceux qui nous humilient, profaner le corps de l'ennemi, voilà une liste interminable d'horreurs qui donne la nausée.

Se croire soi-même à l'abri de toute barbarie relève à la fois de l'imprudence et du début de l'aveuglement. Car la vigilance est ici la première des vertus à acquérir.

15 mai 2004

Désir et réalité

La victoire de Michael Moore au Festival de Cannes n'annonçait pas la défaite de George W. Bush à l'élection présidentielle de novembre prochain. Le fait que la majorité des Occidentaux souhaite la victoire de John Kerry n'assure pas à ce dernier la présidence de son pays. L'appui massif des intellectuels et des artistes les plus en vue des États-Unis au patricien du Massachusetts ne lui garantit pas de présider aux destinées de son pays, donc de la planète, au cours des quatre prochaines années. Autrement dit, il faut se méfier de prendre ses désirs pour la réalité.

George W. Bush et son colistier, le féroce et redoutable Dick Cheney, n'ont pas dit leur dernier mot dans cette Amérique qui, faut-il encore le répéter, ne s'est pas remise du 11 septembre 2001 et se vit en guerre permanente. La plus puissante et la plus paradoxale des démocraties du monde semble aujourd'hui déchirée entre deux désirs contradictoires : gagner la guerre contre le terrorisme au moyen de sa présence en Irak ou se replier, seule, enfermée dans sa superbe, face à la « trahison » de ses alliés traditionnels. Cet isolationnisme nouvelle mouture transforme l'Irak en un espace lointain à annexer, à dompter et éventuellement à soumettre comme le furent les territoires de l'Ouest par le passé. En quelque sorte, l'esprit des dirigeants actuels s'inspire du mythe fondateur où cow-boys et Indiens se livraient une lutte sans merci.

Les faits nous obligent à conclure que le tyran Saddam Hussein a joué, à son corps défendant, un rôle instrumental, ce qui par ailleurs ne l'absout d'aucun crime perpétré contre

son peuple. L'immatérialité territoriale du terrorisme islamiste devait être contournée car, dans l'esprit de Bush et de
ses compatriotes, l'ennemi est toujours incarné et possède sa
géographie propre. L'Irak, pour de multiples raisons à la fois
historiques, culturelles et géopolitiques, semblait être le terrain de combat le plus approprié dans les circonstances, c'est-
à-dire après le 11 septembre 2001. Ce ne pouvait être ni
l'Arabie Saoudite, pourtant si susceptible d'être suspectée de
collusion avec Al-Qaïda, ni la Syrie, pays à peine moins ty-
rannique et corrompu que l'Irak mais stratégiquement pro-
blématique à cause d'Israël ; ces deux pays, donc, ne pou-
vaient pas devenir cette zone guerrière que souhaitaient
Bush et ses implacables conseillers pour matérialiser ce qui
ne l'était pas. Les embûches, à savoir la souveraineté de
l'État, la complexité ethnoculturelle, l'affrontement sécu-
laire entre les sunnites et les chiites, les guerres tribales et
claniques qui risquaient d'être exacerbées, tout cela devenait
secondaire, voire anecdotique, par rapport au désir américain
d'en découdre avec l'ennemi. Tous les Américains ont été
personnellement heurtés et traumatisés le 11 septembre
2001. Unis, les Noirs, les Blancs, les démocrates, les républi-
cains, les jeunes, les vieux, les riches, les pauvres, les ins-
truits, les non-instruits. Cette union sacrée ne pouvait pas
durer, mais elle a existé suffisamment longtemps pour étour-
dir les adversaires de Bush, au premier chef les démocrates.

La victoire de Kerry, le mois prochain, n'est pas assurée
malgré les sondages populaires, car le système électoral
confère une inégalité en fonction des États. Qu'on se rappelle la dernière élection présidentielle. Elle n'est pas assurée
aussi parce que le populisme est un instrument de séduction
des foules efficace et pervers. Bush, tout bourgeois et fils de
président qu'il soit, en use et en abuse au point de donner
l'illusion qu'il a passé sa vie parmi les prolétaires et les *red-
necks* qui vivent dans des parcs de roulottes et que son adversaire, lui, n'a fréquenté que l'aristocratie politique de la
Maison-Blanche. La victoire de John Kerry n'est pas chose
faite car celui-ci défend une position nuancée et ces nuances

sont autant d'armes livrées à son adversaire pour convaincre les électeurs de la fourberie du candidat démocrate alors que nul ne peut ignorer d'ores et déjà que le vrai fourbe est Bush lui-même et probablement davantage son vice-président, dont l'arrogance n'a d'égale que sa brutalité intellectuelle. John Kerry doit de plus craindre les surprises que réserve George W. Bush lors des derniers jours de la campagne, par exemple faire surgir Oussama ben Laden par enchantement maléfique, voire d'autres scénarios que ses services secrets (appelons-les personnels, faute de les qualifier de mercenaires) sauront lui suggérer.

L'inquiétude profonde de ce peuple complexe et parfois simpliste, naïf et suffisant aussi, cette inquiétude actuelle demeure une dimension importante de la campagne en cours. Il y a fort à parier qu'une victoire de Kerry ne changerait pas grand-chose à la situation en Irak. Elle permettrait simplement aux États-Unis de reprendre le dialogue, avec l'Occident d'abord, afin que le front commun contre ce terrorisme qui menace la planète se ressoude. Et si George W. Bush est réélu, il deviendra impératif d'affirmer notre solidarité avec ceux qui ont espéré changer sa politique et dont on imagine qu'ils continueront de se battre pour leurs idées comme la tradition américaine l'a démontré depuis la guerre civile.

9 octobre 2004

God made in USA

« *God bless America.* » C'est par cette phrase que John Kerry a clos son discours d'adieu à ses compatriotes, dont une majorité lui a préféré George W. Bush. « *God bless you all* », a répondu en écho le président réélu, qui a sans aucun doute remercié Dieu après son triomphe. Car il a triomphé, que cela plaise ou non.

Il aura fallu cette campagne pour que l'opinion publique occidentale découvre ou redécouvre à quel point la religion est présente dans la vie de nos voisins. À quel point aussi elle se vit au quotidien. Il faudra bien qu'on finisse un jour par reconnaître qu'on peut être religieux et démocrate (au sens non partisan, il va sans dire). Rappelons-nous Jimmy Carter, le *born again* progressiste, qui, pendant la campagne présidentielle de 1976, avait avoué dans une entrevue à *Playboy* avoir commis le péché d'adultère, en esprit et non en acte, avait-il précisé. La différence entre Carter et Bush, lui-même *born again*, réside dans l'usage que l'un et l'autre ont fait de la politique. Carter n'a jamais tenté de transposer sa morale privée dans le champ public. Il en va de même pour John Kerry, le catholique. Il s'oppose à l'avortement mais se refuse à imposer sa conviction profonde à ses compatriotes, ce qui explique qu'il a voté contre les projets de loi visant à l'abolir.

Mais la religion est toujours caractéristique du discours politique. On oublie aussi que sur le dollar mythique, on peut lire « *In God we trust* » sans qu'aucun militant de la séparation de l'Église et de l'État y trouve à redire. On se rend en

Cour suprême pour faire sortir un signe religieux d'une école, mais personne ne veut brûler ces billets verts sur lesquels on proclame sa confiance en Dieu.

En lisant les mémoires de Bill Clinton, on apprend, non sans surprise, que la rencontre hebdomadaire entre le président et son vice-président, Al Gore, au petit-déjeuner du vendredi matin, débutait toujours par une prière où les deux hommes les plus puissants de la planète imploraient Dieu de les éclairer. Rappelons-nous aussi qu'après avoir avoué sa faute dans l'affaire Monica Lewinsky, Bill Clinton avait invité à la Maison-Blanche quantité de *preachers*, dont Billy Graham est le plus connu. Ces pasteurs ont joué un rôle déterminant dans la réhabilitation du pécheur Clinton aux yeux de sa femme mais aussi du peuple américain tout entier.

Le retour du religieux ne date pas de George W. Bush. Là où le président innove, si on peut dire, c'est dans sa volonté d'introduire la religion au cœur même de sa politique. Cette politisation du religieux se veut aussi une réponse aux agressions terroristes commises au nom d'Allah. Comme si la revendication laïque se transformait en appui objectif de ce terrorisme islamiste. En d'autres termes, l'offensive islamiste ne peut être contrée que par une affirmation religieuse forte. D'un côté, les judéo-chrétiens virils ; de l'autre, les islamistes. Que les chrétiens et les musulmans discrets et modérés choisissent leur camp.

La séparation de l'Église et de l'État a été un progrès considérable dans l'histoire de l'humanité. Inspirées par la remontrance de « rendre à César ce qui est à César et à Dieu ce qui est à Dieu », nos sociétés ont dû lutter contre les obscurantismes, les intolérances et les sectarismes qui caractérisent les théocraties. Or les tenants de la laïcité eux-mêmes peuvent tomber dans ces pièges. Un certain militantisme laïque pur et dur peut masquer une idéologie antireligieuse tout aussi haïssable que l'aveuglement au nom d'un dieu vengeur.

La présence du religieux dans la vie politique implique aussi un retour de la dimension morale, laquelle a été passablement malmenée depuis quelques décennies. Se pose alors un défi de taille. Comment échapper au conservatisme moral véhiculé par George W. Bush, par exemple, quand on tente de soulever les aspects moraux de l'action politique ? Comment être moral sans être moralisateur ? Comment parler de morale sans référence aucune à la religion, au christianisme, entre autres, qui a inspiré les valeurs humanistes qui régissent encore – mais pour combien de temps ? – nos sociétés démocratiques ?

La laïcité subit l'assaut du religieux au nom du principe de tolérance. C'est ce qui se passe en France, le seul pays à ce jour à avoir voté une loi pour contrer l'offensive dont le voile est le prétexte. Aux États-Unis, c'est autour de l'avortement, de la recherche sur les cellules souches, du mariage homosexuel, que se regroupent les tenants non pas de plus de morale mais d'une morale plus conservatrice, plus rigide, plus stricte, donc moins humaniste, dirions-nous. À vrai dire, au nom de Dieu, les idéologies dont on avait jadis sonné la fin reprennent une vigueur imprévisible.

6 novembre 2004

Les temps sont durs

Oui, les temps sont durs pour ceux qui croient et surtout pour ceux qui auraient besoin de croire. Car vivre sans convictions est un autre des malheurs caractéristiques de l'époque dans laquelle nous surnageons tous. C'est sans doute pourquoi Jean-Paul II a tant fasciné ceux qui ne partageaient pas sa foi mais qu'impressionnait la conviction inébranlable avec laquelle il défendait les grands principes qui guidaient sa vie.

La vie politique canadienne nous plonge depuis plusieurs mois dans une désolation d'autant plus indolore qu'elle est sans éclat. On n'assiste pas à des luttes déchirantes, flamboyantes, stimulantes, telles qu'on les a connues sous Trudeau et Mulroney alors qu'on avait le sentiment qu'on y jouait sérieusement l'avenir du pays. Ceux qui nous dirigent aujourd'hui – encore que diriger soit un mot trop fort pour ce ballottement que l'on subit –, ceux-ci donc donnent à penser que toute considération pour le bien public est inféodée à l'intérêt partisan et personnel. En d'autres mots, s'accrocher au pouvoir à tout prix et même renverser le pouvoir à tout prix est la seule conviction qui perdure. L'unité nationale, elle, n'est plus un objectif louable puisqu'on l'a transformée en épouvantail à moineaux sous la gouverne machiavélique du faux modeste « p'tit gars de Shawinigan » aux amis douteux, tels qu'on les découvre défilant devant la commission Gomery.

Est-ce par conviction ou par une stratégie visant son ennemi irréductible Jean Chrétien que Paul Martin a créé la commission qui éclabousse son parti bien au-delà de ce qu'il avait prévu ? Dans son entourage et son cabinet, ils sont nombreux ceux qui regrettent cette décision si dommageable, laissant supposer que la moralité politique ne serait pas une conviction partagée par tous. Est-ce au bien commun que le gouvernement adhère lorsqu'il distribue ses milliards, fruit de nos taxes, à tout venant selon des objectifs où la préoccupation sociale se conjugue avec l'électoralisme ?

Est-ce par conviction que la Belinda, triomphante, traverse le parquet de la Chambre, trahissant du même coup l'amoureux conservateur qui versera une larme le lendemain dans son champ de pommes de terre sous le regard éploré de son père ? Est-ce par conviction que Stephen Harper vient faire la cour aux Québécois dont il connaît les intentions de vote catastrophiques pour son parti et qui doivent le conforter dans son rejet de ce statut particulier qu'ils revendiquent et appliquent du même coup à son propre parti : statut si particulier qu'ils l'excluent de leur choix de vote ?

Est-ce par conviction que Jack Layton s'est collé à Paul Martin, qu'il juge par ailleurs indigne de gouverner le pays ? Au NPD, le seul homme de foi, un homme honorable dans tous les sens du terme, c'est Ed Broadbent, qui a su mettre un frein à l'indécent calcul autour des députés cancéreux et qui a rappelé aux représentants du peuple leur devoir de respect et de dignité.

Nous sommes, en un sens, des hommes et des femmes de peu de foi si l'on nous autorise cette référence à l'Évangile. Difficile d'avoir des convictions bien ancrées et plus difficile encore de les défendre dans un espace public qui banalise tout lorsqu'il ne relativise pas. Un espace public qui transforme l'homme de convictions en caricature parce qu'il met plutôt à l'avant-scène des personnages divertissants, simplificateurs ou même mystificateurs. Les convictions s'affirment rarement dans l'éclat de rire, en trente secondes, sans mise en contexte ou devant des auditoires impatients et agités. Les gens de convictions ne sont pas nécessairement des bagarreurs, des extravertis ou des exhibitionnistes. Et leurs idées ne sont ni à vendre ni rentables. De plus, elles exi-

gent un effort de concentration et une envie d'être désta-
bilisé intellectuellement et même personnellement. La vie
moderne se surfe davantage qu'elle n'enracine. Les convictions apparaissent dès lors à contre-courant.

Les temps sont durs parce que le vrai doute, qui n'est
rien d'autre que la recherche de la vérité, nécessite un minimum de sécurité émotionnelle pour s'imposer à nous. Or,
nous sommes des gens peureux, anxieux. Nous sommes guidés par une obsession : plaire. Or, les gens de convictions
plaisent rarement puisqu'ils sont dérangeants. De nos jours,
personne ne souhaite être dérangé. Sauf par le portable. Il
faut bien qu'il y ait quelques paradoxes dans nos vies contrô-
lées et contrôlantes. On n'arrive plus chez les gens sans prévenir. Dans les villes, on n'entre pas dans les appartements
sans s'identifier. On ne s'invite plus, car comme on le dit,
« on ne veut pas s'imposer ». Et quand on entend, dans les
médias, des propos dérangeants, on zappe tout simplement.
Parfois, on dira d'une personne : « Elle croit vraiment à ce
qu'elle dit », mais cela nous paraît surprenant, à la limite,
étrange. Nous vivons à l'ère des rusés, des petits malins, des
gros mystificateurs. On ne les croit guère, mais ils nous bluf-
fent. En ce sens, la commission Gomery et les coups fumants
de la Chambre des communes sont à notre image, bien que
l'on s'en défende. Les temps sont durs parce qu'on aime à
être impressionnés bien plus qu'à être convaincus.

21 mai 2005

La tentation

J'appartiens à une génération qui a cru à la politique et que la politique a comblée à 20 ans. Nous espérions le changement, nous rêvions d'une liberté, sans doute plus utopique que réelle, nous souhaitions une nouvelle éthique sociale et nous avions foi en l'avenir. Ces trésors nous furent offerts sans contrepartie. Des hommes politiques (peu de femmes à l'époque) commandaient notre admiration, travaillaient pour nous, ce qui explique notre sentiment d'avoir alors été compris et aimés de nos aînés.

Ce fut là, dans ce terreau, que notre culture politique se développa. Les déceptions, les déchirements, les douleurs à vif de la trahison viendront plus tard. Dans ce contexte, le cynisme ne nous menaçait guère. Contrairement à ce qu'on nous avait enseigné au cours du siècle précédent, le ciel était dorénavant sur terre, et cette terre, nous pouvions la conquérir. À l'époque, lorsque nous débarquions dans la vieille Europe, nous étions souvent choqués par le cynisme ambiant, une réalité dont nous étions épargnés, nous qui n'avions de cesse de transformer notre pays que nous étions de plus en plus nombreux à vouloir affranchir. Le monde entier nous enviait nos premiers ministres, Trudeau le flamboyant et Lévesque le charismatique, dont l'intégrité imposait le respect et l'admiration. Le slogan « Élections, piège à cons » ne faisait pas florès chez nous.

La campagne électorale actuelle est à des années-lumière de cet esprit-là et le cynisme a envahi le champ politique, toutes classes d'âge confondues d'ailleurs. Voilà un héritage majeur du gouvernement Chrétien, dont on ne cesse ces jours-ci de vanter l'expérience, comme si le génie politique, incontestable dans le cas de l'ex-premier ministre, faisait soudainement disparaître l'arrogance d'une gouverne ajustée au bon plaisir du prince et de la république des co-pains. L'athéisme politique du présent électorat en est la conséquence. Dans cet environnement, il est incompréhensible de voir les candidats perpétuer le vieux truc des promesses électorales. Chaque nouvelle promesse annoncée semble convaincre davantage d'électeurs de la fourberie des politiciens. N'en jetez plus, la cour est pleine, a-t-on envie de leur crier. Et que dire des flous des uns et des autres, avec le résultat qu'un candidat en annule un autre du même parti que lui ? Les programmes électoraux sont ainsi transformés en auberges espagnoles où les militants y trouvent ce qu'ils y apportent, renforçant du coup ce sentiment populaire voulant que la course au pouvoir ne repose que sur des ambitions personnelles dépouillées de toute conviction profonde. Comment résister au cynisme devant pareil étalage ?

Et que dire du chantage sénatorial de ces récompensés qui menacent désormais de bloquer un éventuel gouvernement qui tenterait de remettre en question certaines lois ? Ça n'est pas parce que ces membres de la Haute Chambre se portent à la défense de politiques progressistes que l'on doit applaudir à cette intervention de non-élus dont la quasi-majorité s'inquiète en fait de l'avenir du parti qui les a recyclés en pensionnaires de l'État. Il y a quelque chose de gênant dans cette façon de brandir un veto dont l'utilisation, comme celui du gouverneur général, devrait être plus symbolique que véritable.

L'usure de l'intelligence et de la patience populaires est palpable. Les votes utilisés comme une nuisance, ainsi que les sondages l'annoncent, indiquent le degré d'incrédulité face à des discours qui sont autant de miroirs aux alouettes. La foi dans la capacité des hommes et des femmes qui sollicitent notre appui est remplacée par du scepticisme dans le meilleur des cas, car le cynisme en a atteint plusieurs. L'appui

massif que s'apprêtent apparemment à donner au Bloc québécois tant d'électeurs chez nous ne peut tout de même pas
être interprété comme une adhésion à un programme de
gouvernement. De même, on peut imaginer que le Parti
conservateur, s'il est élu, ne signifiera pas le triomphe d'une
nouvelle droite morale mais bien plutôt l'expression du désabu-
sement face à un Parti libéral dont l'ex-chef a pratiqué
jusqu'au bout la politique de la terre brûlée. Jean Chrétien
n'a pas seulement quitté la politique, il a réalisé, consciem-
ment ou non, le rêve de tous ceux qui se croient indispensables dans leur fonction, de ceux qui se perçoivent irrempla-
çables. Le cynisme dont il a fait preuve dans sa carrière et qui
a éclaté avec le scandale des commandites s'est répandu
comme une maladie contagieuse. L'électorat aussi l'a attrapé.
Par ailleurs, si Freud nous a éclairés sur le meurtre du père par
le fils, Jean Chrétien, lui, nous enseigne comment tuer le fils.
Car Paul Martin est en train de jouer son rôle de brebis sacrificielle. C'est peu dire que le pays fait face à ses démons d'un
océan à l'autre.

12 juin 2004

La saison des idées

Ce pourrait être une blague, à la condition que les rieurs s'annoncent. Mais en ces temps où le rire s'enregistre en boîte ou est enrégimenté par des fondamentalistes de l'humour qui départagent le peuple entre ceux qui rient de leurs blagues de misère et les autres qui s'en désolent, rien ne surprend plus. Il y aurait donc une saison pour les idées. Dépêchons-nous de la vivre car nous savons que les saisons chez nous font long feu.

La vie politique au Québec – et ce n'est pas de la nostalgie de le croire – a connu sa période faste après la Révolution tranquille, laquelle incarnait les quelques idées fondamentales qui l'avaient nourrie. Il faut lire les biographies qui se sont succédé à ce jour, dont les dernières, remarquables, sur Jacques Parizeau et Camille Laurin, pour se rendre compte que ces acteurs de notre histoire politique carburaient, si on nous passe l'expression, à quelques idées claires et concises. De fait, le fédéralisme et le souverainisme ont été les mamelles de la vie intellectuelle pendant plusieurs décennies.

Aujourd'hui, la donne est changée. Les idées ont cédé l'avant-scène aux opinions si chères aux spécialistes des sondages et aux organisateurs électoraux. C'est pourquoi la démarche du Parti Québécois, l'inventeur de ce slogan saisonnier, risque fort de tourner court. On ne trouve pas des idées dans des battues comme à la chasse : les idées sont le fruit de la réflexion, d'une vision de l'homme et de la société ainsi que de convictions dont la souplesse d'adaptation n'est pas extensible à volonté.

Si les opinions ont pris le pas sur les idées, c'est que l'électoralisme et le clientélisme se sont substitués à une certaine idée de la politique et surtout de ceux qui l'exercent. Avant que l'exercice de la démocratie ne dégénère en démagogie, les élus se sentaient investis d'une responsabilité, celle de gouverner selon leur conscience et non selon les agitations du moment. À cet égard, Tony Blair commande le respect, lui qui a maintenu sa position contre une opposition à l'intérieur même de son parti. À ses risques et périls, certes, mais personne ne lui reprochera de ne pas se battre pour ses idées. Si gouverner est l'art du possible, c'est également la capacité de définir ce qu'est le bien commun. Or l'électoralisme qui préside à la vie politique aujourd'hui et qui est l'équivalent de la cote d'écoute ou de la liste des best-sellers a des effets désastreux à moyen et à long terme. Cet électoralisme qui adapte sans cesse l'action au feeling populaire, lequel, telle une girouette, évolue selon le dernier show de téléréalité, ne permet pas d'assurer une stabilité sociale sans laquelle aucun progrès ne peut être réalisé.

On tend à oublier le lien entre le dynamisme de la vie intellectuelle et la vie politique. La panne d'idées entraîne nécessairement une détérioration de la qualité de la démocratie. La gouverne par impulsions, par intuitions ou par coups de gueule mène souvent à l'affrontement social. Car un gouvernement qui défend quelques idées claires a plus de chances d'être compris de l'électorat que celui dont l'objectif est plus défini que les idées mises en avant pour y parvenir. N'est-ce pas ce qui arrive actuellement au gouvernement Charest ? Son apparente incapacité à expliquer sa politique n'est pas indissociable de sa difficulté à la penser.

Quant au Parti Québécois, sa position de quêteux d'idées démontre bien son désarroi actuel. Ce parti, à la tradition studieuse, cherche avant tout une identité perdue avec son rêve original. Il est vrai que les idées qui l'animaient ont été battues en brèche. Mais cela n'explique pas la paralysie intellectuelle qui semble s'être emparée de lui. C'est que les idées ne sont pas immuables et ne doivent pas être gardées dans un tabernacle pour l'adoration des fidèles. Les idées, pour survivre, doivent être revisitées, revitalisées, voire bousculées. Cela suppose qu'elles n'appartiennent pas en exclusivité à ces gardiens du temple, ceux-là mêmes qui les ont définies. Pour que les idées triomphent, elles doivent circuler entre les générations. Or les jeunes ont besoin de penser le monde autrement qu'à travers le prisme des parents. Pour les jeunes, le Parti Québécois véhicule des idées figées. Le nationalisme de papa n'est plus à l'heure du jour. « Donnez-nous de nouvelles idées, nous vous redonnerons le pouvoir », ont l'air de dire les dirigeants. Erreur. « Avec nos nouvelles idées, nous accéderons nous-mêmes au pouvoir », doivent se dire tous ceux qui piaffent d'impatience. Cela s'appelle le changement de la garde.

Il est rare que ceux qui ont des idées les abandonnent à ceux qui n'en ont guère. Penser le monde est une activité exaltante dont on tire une satisfaction à la mesure de sa capacité à l'incarner. Quelqu'un n'a-t-il pas écrit : « Je pense, donc je suis » ? Il en est des idées comme des hommes : elles peuvent mourir pendant que d'autres en font naître de nouvelles. Dure réalité, nous en convenons. Mais la sagesse oblige à s'incliner devant le fait.

7 février 2004

France-Québec : la continuité

Les adversaires du premier ministre Jean Charest, qui ne se privent pas de pratiquer la mauvaise foi et les demi-vérités quand il s'agit de juger sa politique, auront bien du mal à dénigrer le voyage officiel qu'il entreprend en France demain. En effet et contrairement à ce qu'on pourra écrire, le premier ministre s'inscrit dans la continuité en manifestant une volonté évidente de confirmer l'importance des relations bilatérales du Québec avec la France, seul pays au monde à nous accorder un statut si particulier. Non seulement le premier ministre croit au rapprochement avec la mère patrie comme on l'appelait dans le passé, mais il partage également avec elle une conception de la diversité culturelle qui permet de rêver d'un freinage du mouvement d'homogénéisation qui lamine tout sur son passage.

On ne gagne pas des votes en menant une politique internationale au Québec. Mais on assure la continuité d'une politique que les gouvernements successifs du Parti Québécois ont maintenue avec ferveur, passion et une redoutable efficacité. Jean Charest a aussi foi dans cette relation entre la France et le Québec, bien davantage que Robert Bourassa qui s'est toujours montré frileux allant même jusqu'à refuser d'être décoré de la Légion d'honneur de peur d'être critiqué par les irréductibles anti-Français ou les fédéralistes fondamentalistes que les revendications québécoises d'une porte ouverte sur le monde irritent ou indisposent. Le fédéraliste Jean Charest assume plutôt l'héritage des Jean Lesage et Georges-Émile Lapalme à qui l'on doit l'ouverture de la Délégation générale du Québec à Paris.

Le premier ministre rencontrera en tête-à-tête les plus hauts dirigeants du pays. Il sera reçu avec les honneurs que son rang n'exige pas mais qui témoignent de la réalité historique du Québec et du lien indéfectible et amical qui n'a de cesse de se renforcer avec la France si attentive à notre combat culturel et politique. Ceux qui sous-estiment la vision internationale que se fait du Québec l'actuel chef du gouvernement sont à court d'arguments. Contrairement au gouvernement de Lucien Bouchard, aucune délégation à l'étranger n'a été fermée depuis son élection et aucun poste à Paris n'a été aboli. Jean Charest assume de plus l'œuvre de mémoire pour qui croit en l'importance de nos relations avec la terre de nos ancêtres. Il ira se recueillir sur les tombes de nos soldats, les ministres qui l'accompagnent échangeront avec leurs homologues, de la Culture, de la Santé, des Affaires internationales ou de l'Économie et des Finances. Pas de recul donc, comme le soutiennent les mauvais coucheurs, pas de « provincialisation » de la politique passée, pas de vassalisation québécoise par l'ambassadeur du Canada comme dans le bon vieux temps d'avant Raymond Chrétien, prédécesseur de Claude Laverdure. L'ambassadeur actuel se fera discret.

Une visite officielle à Paris a souvent été une parenthèse et un baume pour nos premiers ministres québécois. Ceux du Parti Québécois, reçus comme des quasi-chefs d'État, vivaient quelques jours dans l'illusion grisante d'être déjà à la tête d'un Québec indépendant. Jean Charest, quant à lui, va retrouver un homologue qui bien que reconfirmé dans sa fonction vit, en quelque sorte, en sursis politique. Jean Charest, lui, échappera durant quelques jours à la vindicte orchestrée d'une partie de l'opinion publique qui ne juge plus aucun de ses actes, aucune de ses décisions selon le principe de réalité mais au contraire qui s'empresse de déformer et de détourner toute son action. La volonté manifeste du premier ministre à poursuivre cette ouverture sur le monde d'un Québec qu'une majorité des Québécois, faible certes mais majorité tout de même, a refusé d'affranchir politiquement, témoigne d'une vision à long terme, respectueuse de la singularité de l'État québécois.

Quant à la France, quiconque la connaît n'est pas surpris de sa fidélité indéfectible à notre endroit. Il y a dans ce pays un formidable capital d'affection pour nous, une affection palpable qui nous renvoie une image de nous-mêmes quasi mythique. Disons-le crûment. Les Français nous aiment plus et mieux que nous ne les aimons. Attentifs à nos revendications collectives, ils s'enthousiasment pour nos réussites culturelles, s'entichent de nos artistes et cela n'est plus un effet de mode. Nous avons ici en France des droits acquis à vrai dire et l'on imagine que seul un premier ministre québécois insensible et sans envergure résisterait à cette reconnaissance formidable que nous exprime la France officielle et officieuse. Jean Charest, au contraire, s'intéresse à l'Europe, a un faible pour l'Irlande (un bon fils n'échappe pas à sa mère) et la France en l'accueillant dimanche, à bras ouverts, reçoit un homme qui aime le pays, admire sa contribution à l'histoire universelle et comprend que nos destins sont liés par nos racines. Enfin, c'est le seul endroit au monde où le premier ministre québécois, quel qu'il soit, peut avoir l'illusion passagère d'être le temps d'une visite un chef d'État. On pourrait parler en effet de « La Grande Séduction » !

1er mai 2004

La politique de l'autruche

Ainsi donc, le premier ministre Jean Charest récuse l'interprétation qui s'impose selon le principe de réalité, à savoir que les résultats des référendums sur les défusions confirment la fracture linguistique dans l'île de Montréal.

Il y voit au contraire une affirmation du sentiment d'appartenance communautaire. Un pas de plus et on parlerait du triomphe de la diversité culturelle. Si cette lecture n'avait pas de conséquences aussi imprévisibles que néfastes, on serait en droit de sourire. Malheureusement, cette ségrégation volontaire risque d'entraîner un état d'esprit d'assiégés chez les citoyens tentés de renverser d'autres lois à haute sensibilité, les lois linguistiques au premier chef. Affronter la situation, reconnaître les malaises, pointer le doigt sur une situation potentiellement explosive, n'est-ce pas la seule façon de gouverner en assurant la paix pour l'avenir ? Ce n'est pas en reprochant au gouvernement précédent d'avoir fusionné de force (une erreur ô combien coûteuse, on le constate, alors que cette politique fut aussi celle de l'autruche) qu'on efface cette nouvelle donne dramatique, à savoir la partition de fait que les anglophones de l'Ouest montréalais revendiquent comme une victoire. Un mur aussi symbolique que réel vient d'être institutionnalisé. Le dire, l'écrire, le reconnaître et en débattre n'est pas jeter de l'huile sur le feu. C'est empêcher que cette huile se propage. Et cela caractérise l'art de gouverner.

À vrai dire, au Canada, l'autruche, et non le castor, devrait servir de symbole. À la veille de ces élections, précédées d'une campagne qui a déprimé même les optimistes les plus coriaces, constatons aussi les méfaits de la politique de l'autruche. Le Parti libéral, en changeant de chef, s'est fait croire et a tenté de convaincre l'opinion publique, qui semblait d'abord le croire, qu'on avait affaire à un nouveau parti, voire à un nouveau gouvernement. Le discours officiel donnait à penser qu'une nouvelle philosophie, une nouvelle éthique, une conception plus souple du Canada prévalaient. Or, en politique, le renouvellement dans la continuité est un défi quasi insurmontable, quand la force d'inertie et la vieille arrogance découlent de l'exercice trop prolongé du pouvoir. Cette fois, les citoyens semblent s'être rendu compte que l'autruche se cachait la tête dans le sable, et le vote de lundi le confirmera selon toute vraisemblance.

Les Québécois sont friands de cet animal qui n'a de hauteur que le cou. Ils s'apprêtent à célébrer une grande victoire en votant pour un parti, le Bloc québécois, qui n'assumera jamais d'autres pouvoirs que ceux de nuisance à Ottawa. Bien sûr, il s'agit d'un vote de protestation ; bien sûr, la réputation bloquiste défend les intérêts québécois ; évidemment, son opposition influence certains projets de loi en faveur du Québec, mais quelle illusion tout de même de croire gagner lorsque la cause, elle, est perdue sur le terrain fédéral. Belle façon de se leurrer soi-même. D'ailleurs, n'est-ce pas la reproduction de ce qui se passe au niveau provincial en portant le Parti Québécois au pouvoir tout en l'obligeant à émasculer la raison d'être de son existence, à savoir l'accession à la souveraineté ?

Le beau grand Canada uni de l'ex-premier ministre, cette construction fictive en regard des oppositions régionales et du blocage du parti bien nommé, sera certes malmené au cours des mois à venir. Par définition, un gouvernement minoritaire ne gouverne pas, il navigue d'écueil en écueil, sans vision et sans autre but que d'éviter de s'échouer trop tôt. Car le pays ne réussit plus à contenir des partis véritablement nationaux alors que les ténors politiques (on devrait peut-être parler, compte tenu du peu de panache et d'envergure des chefs politiques actuels, de sous-ténors) chantent la grandeur canadienne. La politique de l'autruche, c'est aussi continuer à vivre la surréalité, l'expression créée au sujet de l'ex-URSS, cette fiction de gouvernement du peuple par le peuple qui a éclaté dès qu'une brise de liberté a rafraîchi l'air. La surréalité canadienne, c'est croire que le nationalisme québécois, défini ici au sens étroit de la conscience, de sa distinction et du désir de l'affirmer, est un phénomène ponctuel, réservé avant tout au Parti Québécois et dont l'essoufflement progressif rendra caduc tout projet de redéfinition des pouvoirs entre Ottawa et le Québec. La politique de l'autruche, c'est donner à penser que la mondialisation de l'économie lamine les différences et que la diversité culturelle est plus affaire de folklore régional, aussi sophistiqué soit-il, que de combats politiques.

Bien sûr, nos problèmes sont insignifiants en regard des conflits et des guerres qui prévalent sur la planète. Compte tenu de cette tendance au camouflage systématique de ceux qui prétendent nous gouverner, bénissons le ciel de nous mettre à l'abri de tensions plus exacerbées. Il n'en demeure pas moins que les référendums et les élections de lundi contribuent à une dramatisation des problèmes en mettant en lumière les errements de ceux qui nous gouvernent ou nous ont gouvernés par le passé. Faire preuve de responsabilité publique est incompatible avec une gestion à court terme, la tête enfouie dans le sable. Cette image a d'ailleurs quelque chose de grotesque et de détestable.

26 juin 2004

Le Québec s'ennuie

S'il fallait qualifier le climat politique québécois en cette fin d'année, sans doute la morosité correspondrait-elle le mieux à l'atmosphère. Cela expliquerait peut-être la nostalgie des membres du Parti Québécois, qui souhaitent majoritairement le retour de Lucien Bouchard en politique active.

L'époque actuelle se définit par la fadeur. Les dirigeants des partis, de Paul Martin à Jean Charest, de Gilles Duceppe à Mario Dumont en passant par Bernard Landry, dont la faconde est aujourd'hui neutralisée par les dissensions internes du PQ, tous ces hommes ne soulèvent ni passion, ni rêve, ni espoir. Ils administrent, gèrent, critiquent, contestent au coup par coup. Ce n'est pas par hasard que les deux sports nationaux des Québécois, le hockey et la politique, soient en perte de vitesse dans le cœur de ces derniers. Les jeunes de 20 ans sont ainsi privés de modèles d'identification, ces leaders charismatiques qui n'apportent pas que des frissons fugitifs aux foules mais qui donnent aussi envie de se dépasser et de croire que la société est un laboratoire permanent vers le progrès pour tous.

Quand un peuple s'ennuie, il se désole. Et, puisque l'oisiveté est la mère de tous les vices, il cherche à se distraire. Les vrais enjeux disparaissent pour faire place aux faits divers. Et Dieu sait que les faits divers ces dernières semaines soulèvent les passions. Histoires inqualifiables de pédophilie et drames de familles décimées dans des incendies occupent les esprits et l'avant-scène médiatique. L'opinion publique ne se sent plus concernée par la politique et par ceux qui l'incarnent, en partie parce que les chefs politiques donnent souvent à penser qu'ils peuvent défendre la chose et son contraire. Ou alors qu'ils sont aussi impuissants que les électeurs face au « système », cette force de destruction massive du rêve.

Il est normal qu'un peuple qu'on prive de rêve s'ennuie. Surtout lorsque l'histoire de ce peuple depuis plus de quarante ans s'est écrite en oscillant d'exaltations en déceptions extrêmes sans jamais connaître de répit. Les transformations climatiques qui tempèrent nos hivers, cette saison qui définit aussi notre identité, sont en train de déteindre sur notre vie politique. Nous nous ennuyons de nos idoles charismatiques, et pas seulement dans le domaine de la politique. Les chefs syndicaux sont les enfants anémiques des Louis Laberge, Marcel Pépin et Gérald Larose. Nos icônes culturelles sont souvent de pâles copies des Félix Leclerc, Jean Duceppe, Jean Gascon, Olivier Guimond, Yvon Deschamps, Diane Dufresne. Le peuple s'ennuie parce que ceux qui parlent en son nom pratiquent la langue de bois ou baignent dans la glu de la gentillesse, entendue ici comme l'insignifiance inoffensive. Ou alors, ils confondent rigueur intellectuelle et grossièreté de langage, emballage de choix pour le vide de la pensée.

Avec l'ennui surgit la tristesse, cet affaissement du tonus de vie. Or la tristesse produit un effet délétère sur le désir de changement, dont le mouvement ne s'accommode pas du sur place, donc qui rétrograde l'action. C'est sans doute la tristesse qui explique le succès des humoristes, les bons et les mauvais. Le peuple triste cherche à être surpris, faute d'être inspiré. Et il préfère de loin les salles de spectacle où il est distrait à celles qui l'obligent à affronter les grands drames humains ; il préfère le bruit aigu des rires aux scènes qui font place au silence à travers les mots.

Le peuple québécois s'ennuie des Lesage, Lévesque, Bourassa, Trudeau, Drapeau, Parizeau, ces hommes et d'autres qui l'ont transporté, secoué, provoqué, enthousiasmé, déçu et ultimement aimé. Il se sent abandonné par ses représentants, de bonne foi dans leur majorité, mais qui transpirent l'insécurité, l'inquiétude, qui gouvernent sur la défensive, les yeux rivés sur les sondages de popularité, les oreilles aux aguets du bruit des manifestations de rue.

Le peuple s'ennuie au point d'acheter le sapin de Noël le lendemain de l'Halloween et d'installer des lumières multicolores du toit au sous-sol de la maison deux mois avant les fêtes dont le sens l'indiffère désormais, s'il ne l'a pas oublié. C'est peut-être ce qu'on appelle la fuite en avant, quand on a démasqué une fois pour toutes le père Noël et la Fée des étoiles. On a toujours tracé du Québécois le portrait d'un être enjoué, impulsif, grouillant, friand de sensations fortes et d'émotions à fleur de peau. L'ennui avec l'ennui, c'est qu'il emmagasine l'énergie inutilisée, à savoir l'admiration, la capacité de concrétiser les rêves, le désir de résoudre les problèmes plutôt que de les différer. Il faut se méfier d'un peuple qui s'ennuie. Comme un volcan, il risque l'éruption ou alors il s'étiole. Dans tous les cas de figure, son avenir doit inquiéter.

5 décembre 2004

La culture, s'il vous plaît

Du temps de « la charité, s'il vous plaît », on quêtait à la porte des églises, aux portes des maisons à la campagne et dans la rue dans les villes. Les quêteux urbains d'aujourd'hui sont, en général, des mésadaptés sociaux, des malades dépsychiatrisés et un certain nombre de futés qui profitent de la mauvaise conscience et de la naïveté de ceux qui délient leurs bourses. Et ils sont plus nombreux qu'on ne le croit généralement. Par ailleurs, le business des collectes de fonds a remplacé le main à main d'autrefois, si bien que la charité rebaptisée générosité s'est bureaucratisée, voire technocratisée. On n'arrête pas le progrès.

Nous allons passer à une étape nouvelle avec le « quêtage » culturel. On soulignera avec justesse que cela se pratique depuis fort longtemps. Certes. Mais en matière de culture, l'État providence et ceux qui l'incarnaient, peu importe le parti politique, se faisaient une gloire et souvent un devoir de se considérer comme les mécènes en chef. La culture est un secteur à protéger contre l'ambition sans frein des idolâtres de l'argent. Or, voici que, dans la tourmente budgétaire, l'on compte sur l'entreprise privée pour permettre, par exemple, à l'Orchestre symphonique de Montréal d'avoir enfin une salle à la mesure de son talent et de la qualité de son public mélomane. Réaliste, cette politique. Bien sûr. Mais dans un pays où le mécénat n'a rien de comparable avec celui des États-Unis, où la loi du nombre est incontournable, l'avenir de la protection culturelle risque d'être précaire.

Disons-le clairement. Nombreux sont ceux qui pensent que la culture est une danseuse qu'on s'offre comme un luxe. Excitant, mais inutile. D'autant plus que les activités culturelles qui ne rejoindront jamais un large public sont de plus en plus perçues comme élitistes par une opinion publique qui impose sa vision populiste. Il faut voir les intellectuels, journalistes et universitaires, se contorsionner quand il s'agit d'analyser le phénomène de la téléréalité. Ne touchons pas aux distractions du peuple et méfions-nous des activités culturelles qui s'adressent à des publics restreints. La culture d'aujourd'hui rime avec efficacité et utilité. Autrement dit, si ça paye et si ça bat des records d'auditoire, c'est bon et ça vaut son prix. L'argent du peuple doit servir le peuple. CQFD.

L'utilité, dieu moderne, dieu maudit, est devenue la Référence spirituelle de la postdémocratie et, lorsqu'on y songe bien, cette obsession utilitaire expliquerait en partie le désir de tant de gens d'accéder à la notoriété. Être reconnu par le plus grand nombre, n'est-ce pas une façon de se prouver qu'on sert à quelque chose, ne serait-ce qu'à occuper l'attention des autres ? L'objectif utilitaire transforme la connaissance et l'imaginaire en leur retirant cet oxygène qu'est pour eux la liberté. Pour que la connaissance se développe, pour que l'imagination se déploie, ne faut-il pas qu'elles soient sans contrainte, c'est-à-dire d'une certaine façon inutiles. L'activité culturelle ne peut pas être une activité comptabilisée et on ne doit pas souhaiter que sa survie dépende de tiers dont les objectifs premiers contredisent la nature même de l'acte créateur.

Il faut encore et toujours le répéter. Dans un pays comme le nôtre, peu peuplé, où le nombre de mécènes potentiels est faible, donc sollicités de façon constante par l'ensemble des organismes à la recherche de financement permanent, recueillir des fonds demeurera plus ou moins aléatoire. Le financement privé de la culture a aussi des exigences qui finissent par transformer la culture elle-même. À preuve, on parle d'industries culturelles. Les écoles, les hôpitaux, les orchestres symphoniques, ça n'est pas rentable au sens où l'on entend le profit. Ce n'est pas là qu'on accumule une fortune. Avez-vous déjà entendu les Desmarais et les Péladeau dire qu'ils se sont enrichis avec des orchestres ou en tant que propriétaires d'une école ? Même les journaux que possèdent ces puissants ne sont pas vraiment rentables. D'autres considérations les amènent à s'y intéresser, le prestige et le pouvoir par exemple, ces réalités non chiffrables.

L'approche actuelle du gouvernement québécois, fondée sur la volonté de partenariat public-privé, et la pression du même secteur sur l'orientation des politiques fédérales dans le domaine culturel, en particulier dans la création télévisuelle et le cinéma, n'annoncent guère des matins qui chantent. À force de confondre (volontairement) un festival du fromage, un club de majorettes, une téléréalité avec une troupe de théâtre ou de danse moderne ou avec un orchestre, en regroupant le tout sous l'étiquette d'événements culturels à financer en partenariat privé-public, on laisse la loi de la démagogie et du marché faire son œuvre. Et son œuvre n'est pas, loin s'en faut, une œuvre d'art.

10 janvier 2004

Réalité oblige

Nombreux sont ceux, parmi les lecteurs de ce journal par exemple, qui se fichent de la téléréalité, qu'ils boudent, snobent ou ignorent. Alors peu leur chaut que les chaînes privées francophones programment cet automne des émissions du genre *Loft*, qui ont allumé la polémique en France depuis deux ans avec la même intensité que les feux de forêt cet été. Or c'est une erreur des sens abusés d'imaginer que ce genre télévisuel n'influence que ceux qui le regardent. La confusion entre la réalité et la fiction propre au système audiovisuel a atteint son apogée, si l'expression s'emploie ici, avec le triomphe du supposé réel, tel que présenté au petit écran. L'obsession de la réalité, une recherche à la fois de la proximité, du mythe du « vrai monde », du refus de la singularité au profit de la similitude et du rêve de devenir une star, fait éclater la réalité elle-même. Les champs du réel et de la fiction sont désormais confondus, si bien que tout ce qui sort du petit écran est suspect, douteux ou trop vrai pour être vrai. Non seulement le système médiatique est touché, mais il n'est pas exagéré de penser que l'ensemble des institutions qui nous régissent subit le phénomène à la manière d'une ville située au pied d'un volcan qui se recouvre pour l'éternité d'une mince pellicule de cendre.

La réalité télévisuelle est un leurre dans la mesure où elle est une re-création des faits selon un système de valeurs qui évolue avec la société elle-même. Dans notre monde étourdi parce que bombardé de messages de tous genres, la percutance à la fois de la forme et du contenu est sans doute le premier objectif de la communication moderne. Le sensationnalisme repose sur cette percutance. Il faut que ça « fesse dans le dash », comme dirait un futur ex-premier ministre. La téléréalité, qui rend les journaux télévisés obsolètes, est également le lieu où triomphe le mythe du « vrai monde », qui n'est rien d'autre qu'une interprétation perverse (au sens littéral qui veut dire détournement de l'objectif) de la démocratie. Il n'existe rien de plus illusoire que le « vrai » monde, qui s'opposerait alors au « faux » monde. Ce n'est pas le vrai monde qui se soumet aux diktats de la téléréalité. Qui veut vivre 24 heures sur 24 sous l'œil voyeur de la caméra ? Qui veut jouer le jeu quasi obscène de développer une relation amoureuse devant des millions de téléspectateurs avec en prime du fric et des cadeaux ? Qui veut raconter sa vie sexuelle dans les moindres ombres ? Le vrai ou le triste monde ?

Une autre obsession que la téléréalité fait triompher, c'est l'idée de proximité et de familiarité. Non seulement j'en parle aux gens et les gens se parlent entre eux comme si tous avaient élevé les cochons ensemble, mais il est devenu impératif de se comporter en éliminant les distances à la fois sociales, générationnelles et évidemment émotionnelles et culturelles, perçues comme des barrières à abattre. Cela impose une tyrannie de plus, celle de la parole privée familière, voire intime. De fait, peu de gens se formalisent du ton plus que lapidaire sur lequel les gens s'apostrophent, du choix du vocabulaire cru, vulgaire, caricatural, brutal, des gestes devenus courants comme les bras d'honneur, les doigts levés selon des codes facilement décodables. Ces comportements dont on nous enseignait qu'ils étaient déplacés et grossiers dans le passé sont devenus le moyen de communication de plusieurs, et ce, quelle que soit l'origine sociale. Les politiciens s'envoient c..., marquent leur vocabulaire de crisse et de câlisse, tout cela sous l'œil des caméras, ce qui nous permet à tous de visionner ces images en haussant les épaules, en souriant et plus rarement en étant choqués.

Dans les journaux télévisés, l'obsession de la proximité explique cette nouvelle tendance à présenter l'ailleurs comme si c'était ici. On entend alors des incongruités du genre : « Rimouski n'est pas Bagdad » ou encore (ça ne s'invente pas) : « Dans les territoires occupés par Israël, le monde est stressé. »

À vrai dire, la téléréalité n'est plus un genre télévisuel, elle est devenue, en quelque sorte, toute la télévision. Or, celle-ci avait déjà imposé une première tyrannie devenue sacrée : la crédibilité. La crédibilité est un concept plus qu'ambigu et moins vertueux qu'on ne l'imagine. La crédibilité n'est surtout pas la vérité. Un journaliste crédible, un politicien crédible ne sont que des incarnations superficielles de l'idéal recherché. Car le pouvoir de conviction est-il autre chose que la capacité de manipuler ? La recherche de cette crédibilité, dramatisée par la culture télévisuelle, mène au cul-de-sac idéologique et moral. On peut être à la fois éminemment crédible et absolument fourbe. De même que la téléréalité représente la plus dangereuse mystification de la réalité elle-même. Or comment vivre raisonnablement sans la capacité d'appréhender le réel et de le distinguer de la fiction ?

Enfin, et l'on reviendra sur le phénomène, chacun aspire à devenir une star, c'est-à-dire à trouver la justification de son existence à travers le regard du plus grand nombre. Le dernier exemple est cette jeune Audrey dont les médias, ceux du show-business comme ceux de l'information, ont suivi les pas dans une couverture de presse *ad nauseam*. Le « Je pense, donc je suis » de Descartes est révolu. De nos jours, « La caméra s'allume sur moi, donc je suis ». Dure, dure, la réalité.

6 septembre 2003

Le salon culinaire

Mise en garde : que ceux qui seraient tentés d'interpréter cette chronique comme une expression dédaigneuse à l'endroit des livres de cuisine et des plaisirs gustatifs aillent se rhabiller. L'art culinaire est un des raffinements qui s'offrent à nous et nous consolent de la dureté de la vie.

Parlons plutôt du détournement d'objectif du Salon du livre de Montréal, dont les organisateurs, cette année, ont choisi pour thème le livre de cuisine. On assiste de ce fait à un glissement de la culture vers l'agriculture. Certes, au fil des ans, le Salon est devenu une foire commerciale de l'imprimé. On l'avait noté. Mais la littérature, bien que bousculée (époque oblige), arrivait à s'y faire entendre. Les écrivains y côtoyaient les écrivailleux d'ouvrages sur l'épanouissement du moi par lavements rectaux ou sur la philosophie de Raël et autres illuminés moins hard, mais on les gardait en façade afin de pouvoir parler du Salon comme d'une activité culturelle de premier plan dans notre société encore distincte.

Comme on n'arrête pas le progrès (et, dans ce cas-ci, il s'agit de vendre la culture en en parlant le moins possible et en la plaçant à l'arrière-scène), on s'attend l'an prochain à un Salon dédié aux livres de décoration intérieure et, pourquoi pas, à la mécanique automobile. Le Salon étant une institution financée en partie par les fonds publics, on est en droit de se demander si l'argent du contribuable n'est pas détourné à des fins purement commerciales. Ce serait dans la logique économique, rien à redire là-dessus, sinon qu'il

faudrait effacer les références littéraires qui donnent à l'événement un standing intellectuel alors qu'il s'agit de stands de
marchandise écrite.

C'est fou comme le mot « culture » est à la fois un repoussoir et un faire-valoir. Ceux qui ne croient pas à la culture s'approprient l'étiquette alors que les gens de culture
sont maintenus à l'écart lorsqu'ils ne sont pas proprement
éconduits. A-t-on seulement remarqué qu'à la télévision de
Radio-Canada, le contenu culturel que défendait et honorait
avec tant de talent Christiane Charette est passé sous la
coupe d'un amuseur public qui se défoule parfois au lancer de
trophée ? À Télé-Québec, l'émission littéraire est animée par
un couple gentil qui réussit à aborder la littérature par la voie
de l'infantilisation. À vouloir simplifier l'œuvre, on la rend
aussi digeste qu'un feuilleton télévisé, ce qui est le fonds de
commerce de ce couple par ailleurs sympathique.

On en est arrivé à suspecter toute personne cultivée,
sauf en sport, où il ne viendrait à l'esprit d'aucun responsable
de média sportif de confier des émissions à des ignorants du
sport. D'ailleurs, le mot « ignorance » s'évapore comme tant
d'autres du vocabulaire au XXIe siècle. On a des intérêts autres (lesquels ? ça n'a aucune importance), mais on n'est jamais ignorant. Les amoureux de la littérature, parmi lesquels
doivent bien se trouver quelques animateurs potentiels
d'émissions vraiment littéraires, sont une race en voie non
pas d'extinction mais d'évitement. C'est aussi très tendance
de ghettoïser les gens, de les transformer, dans le cas qui nous
occupe, en « élite déconnectée du peuple », ce faux vrai
monde pour lequel on parle, on programme et, au bout du
compte, on agit.

Au nom de l'égalitarisme et de la recherche effrénée du
plus grand nombre, on dépossède toute forme d'art de son essence même, cette quête d'absolu et d'universel dans un élan
de gratuité et d'inefficacité totales. On est devenu obsessive-
ment terre à terre, façon de dire qu'on a souvent le nez dans
les caniveaux. Ou alors on s'accroche au réel ou, si on préfère, à la réalité réelle, qui nous met – c'est indéniable – à

l'abri de l'imaginaire, seule planche de salut ou échappatoire pour ceux qui rêvent de rêver.

Depuis que les dépositaires de la culture à la mode sont devenus les définisseurs de la culture sans majuscule, ces fossoyeurs du grand C au profit du petit c, on ne jure plus que par les industries culturelles alors que le mot « écrivain » s'applique à quiconque pianote des signes sur un écran. C'est peu dire que la littérature est devenue une virtualité. Tout le monde écrit et tout le monde lit. Le temps n'est pas loin où on se définira comme grand lecteur parce qu'on passe des heures à lire les textes des boîtes de céréales et les manuels d'instructions des électroménagers.

Le décloisonnement des genres en littérature, en musique, en théâtre, en arts visuels est la conséquence de la démocratisation de la culture. Ce décloisonnement nécessaire pour sortir des conformismes et des hiérarchisations stériles a basculé dans une confusion des genres où le divertissement a pris le pas sur tout le reste. Dites à haute voix « salon littéraire », « salon culinaire », vous verrez lequel, instinctivement, vous donnera de bonnes vibrations pour parler comme tous ces livres de recettes de vie zen ou de pâté chinois, de cuisine fusion, ces piles de livres sous lesquelles se cachent peut-être quelques trésors archéologiques appelés œuvres littéraires.

20 novembre 2004

Bouche à oreille

De nos jours, on peut fréquenter des gens sans jamais les voir. Rarement, en tout cas. C'est l'apothéose de la culture du téléphone. Une de mes amies à qui je parle presque quotidiennement me faisait remarquer l'autre matin que nous ne nous sommes pas vues depuis plus de quatre mois. « Te reconnaîtrai-je ? » lui ai-je demandé pour être drôle comme mes amis humoristes, qui ne partagent cependant pas avec moi l'utilisation du futur simple en interrogation directe. Sa remarque m'a dérangée ! Car il est vrai que le rythme effréné de la vie urbaine réduit les contacts physiques ou, du moins, nous met en présence de gens qu'on ne souhaite pas nécessairement voir et nous éloigne de ceux dont la présence nous réconfortait.

Je connais, grâce au téléphone, des gens avec qui j'échange non seulement sur le plan professionnel mais aussi sur un mode personnel, amical même, et que je n'ai jamais vus de ma vie. À cause de mon métier, l'inverse n'est pas vrai, ce qui leur donne un net avantage sur moi. À moins de croire que le physique d'une personne, sa taille, sa couleur de cheveux, ses yeux, sa gestuelle ne modifient en rien la perception qu'on se fait d'elle, ce qui est évidemment faux. Dans la société de l'image, les écrivains, les chroniqueurs et les éditorialistes des journaux ne sont plus dans l'anonymat. Leurs photos coiffent leurs articles ou leurs livres. On veut les voir car les lire ne semble plus suffire.

Le téléphone impose la voix en lieu et place du visage, encore que les portables de l'avenir intègreront tous un appareil photo, ce qui porte à croire que les contacts physiques diminueront d'autant. Il y a quelques années, un film américain, *Denise on the Phone*, racontait l'histoire de personnages dont toute la vie se déroulait au bout du fil. Ils parlaient, mangeaient, faisaient même l'amour au téléphone, repoussant les tentatives d'être en présence les uns des autres. Ce film déprimant, désolant et fascinant en même temps illustrait cette incapacité à communiquer par contact physique. Cette coupure du corps et de l'esprit se trouve au cœur de l'angoisse moderne. La multiplication des instituts de massage, des cours de danse et de gymnastique en tous genres, ces expressions d'une nouvelle liturgie autour du corps glorifié, soigné, cajolé, entraîné, ne nous renvoie-t-elle pas à cette difficulté de composer avec l'autre dans sa totalité, corps, esprit et cœur réunis ?

Le téléphone, fixe ou portable, est la traduction laïque du confessionnal d'antan. On retrouve, l'oreille collée au combiné, cette même atmosphère à la fois secrète et intime où l'inavouable est si facilement avoué. Le téléphone semble ainsi être l'instrument privilégié de la confidence, mais d'une confidence à soi-même avant que d'être celle à autrui. Comme si la phrase « on se téléphone » lancée à l'autre indiquait avant tout le désir de se parler à soi-même, accroché à l'oreille de l'autre, cet autre qui peut finir par devenir interchangeable.

L'usage du portable, lui, peut conduire à nous isoler encore davantage. D'abord de l'environnement dans lequel on se trouve lorsqu'on l'utilise ; on n'est plus dans la rue, au bureau, en réunion, au restaurant. Il s'agit alors d'une façon de quitter sans partir. Et on n'est pas non plus en compagnie de l'interlocuteur puisqu'on demeure physiquement avec ceux qui nous entourent.

Les accros du téléphone portable vivent de la sorte, dans l'imposture du dialogue et dans la violation permanente de l'espace privé par l'espace public, à l'image même de la téléréalité réussie.

L'absence de face-à-face ne permet pas non plus d'ajuster son comportement à celui de l'autre ; le corps n'a plus de langage, seul le silence garde son éloquence, mais cela jusqu'à un certain point car la communication téléphonique supporte mal l'absence de sons, c'est-à-dire de mots. Avec le portable, on parle d'abord pour les gens qui sont en face de nous ; la personne au bout du fil devient secondaire. Regardez-les au magasin, les « téléphoneux » souriant à la vendeuse tout en se disputant avec un interlocuteur. L'effet est aussi étrange que déplacé.

Si on se fie aux divers témoignages entendus à la commission Gomery, la mémoire des conversations téléphoniques semble plus chancelante que celle d'avoir été en présence physique des gens. Être vu en compagnie de quelqu'un demeure plus compromettant que d'être au téléphone, à moins évidemment d'être enregistré. Les difficultés croissantes, si on se fie aux statistiques des échecs de couples, qu'ont les gens à vivre ensemble – ce qui suppose une adaptation au comportement de l'autre, un ajustement physique, dirions-nous – donneront-elles envie de limiter les relations au bouche à oreille, c'est-à-dire de vivre au bout du fil ou de ce petit objet métallique transformé en boussole de sa vie autant professionnelle qu'affective ?

16 avril 2005

Silence, on pense

L'histoire est véridique. Une enseignante du cours primaire s'apprête à prendre sa retraite après plus de quarante ans d'enseignement. Sa supérieure hiérarchique l'invite à mettre par écrit une sorte de bilan-réflexion afin de faire partager à ses collègues le fruit de tant d'expérience. L'enseignante hésite, puis finit par accepter sous la pression de sa compagne. Le texte, bien sûr, sera publié dans un bulletin destiné au corps professoral.

Notre héroïne du jour fut une institutrice plutôt traditionnelle, qui a douté de toutes ces méthodes d'avant-garde qui ont révolutionné les programmes avec les résultats que l'on connaît et qui obligent, entre autres, à faire du rattrapage en français écrit et à décerner des diplômes à des flopées d'étudiants à qui on a épargné les cours de mathématiques supposément obligatoires. Mais notre maîtresse, au cours de ces décennies perturbatrices, a manifesté de la bonne volonté et s'est adaptée, sa vocation d'enseignante – car c'est ainsi qu'elle définit ce que d'autres traitent comme un job – l'obligeant à évoluer.

Dans son texte, la maîtresse s'est tout de même permis une petite suggestion d'apparence anodine. Et si, en début de classe le matin, on demandait aux enfants de garder le silence ? Cette petite minute de silence permettrait de se calmer et de se préparer l'esprit avant d'entrer dans la grande aventure de l'apprentissage. Le silence, en d'autres mots, comme préalable à penser, à réfléchir et, pourquoi pas, à se recueillir afin de retrouver à l'intérieur de soi la part de mystère. Même à 6, 7 ou 10 ans.

Le texte fut jugé séditieux et, bien sûr, on l'écarta. Qu'est-ce que c'était que cette suggestion d'un autre âge ! Certains ont dû suspecter une prière déguisée, d'autres une pratique d'une secte quelconque, quelques-uns ont estimé cette méthode anachronique. Toujours est-il que notre retraitée a quitté l'enseignement en emportant avec elle son expérience, sa réflexion et sa blessure, car n'y a-t-il rien de plus désolant que d'avoir le sentiment de prêcher dans le désert et de ne rien laisser en héritage à ceux qui prennent la succession ?

Voilà donc identifiée une autre des peurs de l'époque. Car le silence, à vrai dire, inquiète et menace. Les inventions technologiques sont toutes au service de la communication, une autre façon de définir le bruit. La plupart des gens sont incapables de vivre sans bruit de fond. La télévision est ouverte à longueur de journée, la radio occupe l'espace sonore dans les lieux les plus inattendus comme les ascenseurs, les téléphones cellulaires sont devenus une véritable drogue dure, consommable même dans les endroits plus ou moins sacrés comme les salons funéraires, les chambres d'hôpital, les bureaux de psy ou les salles de cours. Avec le walkman, les sportifs s'assurent de fuir le silence même au fond des bois ou au bord de la mer. C'est peu dire qu'ils courent après le bruit.

Il serait étonnant, dans ce contexte, que la capacité de concentration de chacun ne soit pas altérée. Est-ce un crime de lèse-époque que d'estimer que la transmission des connaissances exige un environnement où le silence a droit de cité ? Un musée, un lieu de culte imposent à ceux qui y pénètrent un comportement fait de calme où la parole, si prononcée, est transformée en chuchotements et en murmures. Comment en sommes-nous arrivés à convertir les écoles et les collèges en discothèques où les cris tiennent lieu de conversation ? Le silence seul distinguerait une école secondaire d'un centre commercial. Mais est-ce bien nécessaire lorsque le contenu pédagogique est considéré comme une

marchandise au service de l'efficacité du produit, en l'occur-
rence le diplôme ?

Revaloriser le silence comme une obligation à l'acte de
penser, de réfléchir, d'apprendre. Faire l'éloge du silence, dernier refuge de l'intimité dans notre monde exhibitionniste,
calque de la téléréalité. Proposer le silence thérapeutique à
tous les agités qui fuient l'angoisse dans l'activisme débridé
et qui ne supportent pas ce qui leur apparaît comme un vide
sonore. Mettre en avant le silence comme préalable à toute
prise de décision importante.

La vie humaine repose avant tout sur la vie intérieure,
dont le silence est la clé. Lorsque des éducateurs – dont la tâche essentielle, faut-il le rappeler, est la formation des esprits –
dédaignent le silence au point de s'en méfier et de lui attribuer des pouvoirs négatifs, il y a de quoi désespérer de la vie
intellectuelle. Dans les temps anciens, la fréquentation des
églises, même sous la pression, obligeait les gens à vivre épi-
sodiquement dans un lieu silencieux. On pensait au moins
autant qu'on priait pendant ces moments passés à ne rien
faire, à ne rien dire. Aujourd'hui, les bibliothèques demeurent les seuls vrais refuges pour le silence. Jusqu'au jour où un
petit malin nous convaincra que la bibliothèque de l'avenir
doit comporter un fond musical. Alors, il faudra organiser ce
lobby, seule façon de se faire entendre de nos jours, dont le
slogan sera : « Silence, on pense » !

29 mai 2004

Un métier noble

D'entrée de jeu, répétons-le, nous nous opposons aux mesures de pression concoctées par les syndicats pour sensibiliser l'opinion aux graves problèmes rencontrés par les enseignants dans l'école d'aujourd'hui. La stratégie syndicale qui consiste à réduire le temps d'enseignement, à allonger les récréations, à ne pas adresser la parole au directeur de l'école, fêle l'image de l'enseignant, modèle de référence inévitable aux yeux des jeunes. D'ailleurs, plusieurs témoignages d'enseignants donnent à penser que cette stratégie leur est imposée et suscite chez eux malaise et réticence.

Cela étant établi, une société irrespectueuse de ses enseignants se met elle-même en péril. Les tâches du corps enseignant d'aujourd'hui au primaire et au secondaire sont insurmontables. Les enseignants, en ce sens, héritent des dysfonctions familiales et sociales. Ils se retrouvent devant des enfants perturbés, mal élevés, sans points de repère, ignorant les règles de l'autorité, des enfants en détresse, angoissés, revendicateurs, tyranniques de leurs droits, méfiants à l'égard des adultes, grossiers, agressifs et incapables de se concentrer. Hélas, cette nomenclature n'est pas spectaculaire que dans sa déclinaison. La réalité de celle-ci se vérifie au quotidien à l'école.

Les enseignants sont bien placés pour évaluer les dégâts de la démission de trop nombreux parents face à leurs enfants. Ils écopent des incompétences parentales, de la mise en échec de la discipline comme préalable à l'apprentissage intellectuel et aussi de la culpabilité des parents, exprimée par leur refus de laisser l'enseignant faire des remontrances à leur petit. Par le passé, les parents acceptaient l'autorité exercée par le maître sur l'élève. Aujourd'hui, ils se précipitent à l'école en menaçant l'enseignant de poursuites judiciaires.

Sait-on que des tout-petits de trois ou quatre ans en garderie envoient c... leur maîtresse, que des adolescents terrorisent certains profs, que d'autres s'adressent à eux sur le même ton et avec le même vocabulaire que lorsqu'ils parlent à leurs copains ? Sait-on que l'enseignant peut se retrouver avec des enfants dysfonctionnels qui ont besoin de spécialistes, désorganisent la classe et nuisent à l'acte même d'enseigner ?

Dans le milieu de l'éducation, aucune autorité n'ignore ces choses. Le ministère fait comme si. Statistiquement, sur papier, tout baigne dans l'huile. Nous sommes dans la surréalité si caractéristique de l'ex-Union soviétique où, en principe, l'égalité et la liberté régnaient. Le discours officiel convenu sur l'importance de l'éducation demeure un leurre. Le budget de l'État est distribué en fonction d'une échelle de valeurs. Rien de neutre dans les colonnes de chiffres, sauf les chiffres eux-mêmes. Il existe aussi une telle chose qu'une hiérarchie des fonctions. Un médecin est plus essentiel qu'un relationniste, un enseignant plus qu'un humoriste, dirions-nous, ou qu'un journaliste, pourrions-nous ajouter.

L'enseignant détient une fonction clé puisqu'il incarne le savoir et l'autorité. Dans un monde idéal, seuls les meilleurs devraient se consacrer à l'enseignement. Quelle exaltation devrait-il y avoir à former des jeunes, à allumer en eux la curiosité sans laquelle aucune connaissance ne nous est accessible ? Certains diront qu'on a une trop haute idée du métier, que celui-ci n'est plus vécu comme une vocation, que la sacralisation des tâches ne correspond guère à l'époque. Or c'est avec ce genre de raisonnement à l'horizontale qu'on ramène tout au niveau le plus bas du « un job égale un autre job ». Notre société du monnayable facture à la baisse la fonction d'enseigner et à la hausse celle de nous abrutir.

Mais on l'aura compris, l'argent n'est pas le moteur de la revendication des enseignants, entendus ici non comme syndiqués mais comme professionnels. Celui qui prétend croire à l'éducation comme instrument du développement social et comme moteur de l'évolution culturelle ne peut pas traiter les enseignants sans égard ni respect. Par contre, les enseignants qui refusent d'assumer la dimension intellectuelle et morale de leur métier devraient y renoncer.

Un corps enseignant qui se perçoit mal aimé par les autorités, qui se sent épuisé par la tâche, dévalorisé par les élèves, voire manipulé par ses syndicats, est-ce bien ce que souhaite la population ? L'école est incapable de suppléer à toutes les carences, les enseignants ayant d'abord et avant tout la mission d'enseigner. Une proportion alarmante de jeunes enseignants abandonneraient leur métier au cours des cinq premières années, se sentant impuissants à assumer les tâches multiples, voire contradictoires, qu'on leur assigne. Jusqu'alors, on avait toujours cru que la transmission du savoir était une activité noble qui supposait un mélange de curiosité intellectuelle, de passion d'apprendre soi-même, d'amour des jeunes et de conscience aiguë de former les esprits.

Faudra-t-il en conclure désormais que ce métier serait devenu celui de cascadeur à la fois psychologique et social ?

26 février 2005

Chacun son tour

À 20 ans, quand on descend dans la rue, on a le sentiment, aussi fugace soit-il, que le monde nous appartient. Quand on défile pancartes à la main en scandant des slogans, on éprouve cette émotion forte de la communion avec les autres. On oublie ses problèmes, on enterre ses angoisses et on vibre à l'unisson, porté par un courant dont on croit que la puissance est en nous. C'est peu dire que l'ivresse nous habite.

Ils étaient beaux à voir, ces dizaines de milliers de jeunes mercredi, dont une majorité vivait son baptême de la rue. Ces héritiers des agitateurs baby-boomers dont la vie s'est souvent déroulée au rythme des ruptures et des caprices de leurs parents envieux de leur jeunesse, ces enfants du divorce, de la perte des repères et de l'impuissance mondialisée criaient et chantaient un hymne à la solidarité. Descendre dans la rue pour 100 millions de dollars paraît dérisoire, un rêve de comptable, sans offense aux HEC. Mais n'oublions pas que ce sont aussi les héritiers des désillusions de leurs parents désenchantés, ces adultes qui ont transformé leur foi politique en une foi dans la fontaine de Jouvence qui les gardera immortels.

Ces jeunes, trop sages en un sens, trop inscrits dans le réel, dans le concret dont on sait qu'il tue le rêve, demandent des dollars là où ils devraient exiger l'impossible. Vingt ans, ça n'est pas un âge pour négocier. Vingt ans, c'est l'âge de l'intransigeance, de la démesure et, lâchons le mot, de l'absolu. Mais pour les enfants de la téléréalité, de la faillite des

idéologies, des contraintes budgétaires et de la commercialisation des rapports humains, l'efficacité s'impose. Apprendre
est à leurs yeux une démarche utilitaire à l'opposé de la
connaissance inutile dont Jean-François Revel a fait l'éloge
dans un ouvrage éblouissant. On s'instruit donc pour s'enri-
chir, au propre avant tout. Et on communique entre individus, la parole se transformant ainsi en un troc, donnant, donnant. L'art de la conversation si cher aux philosophes, cette
gratuité de l'échange verbal, n'est plus qu'une nostalgie du
passé. Normal, dans un tel paysage, que les manifestations de
rue, désormais si rares, se fassent sous l'impulsion d'un manque à gagner plutôt que d'un manque à rêver.

Ils étaient beaux, leur ferveur palpable, mais leur colère,
ce mouvement d'impatience, paradoxal quand on a la vie devant soi, semblait trop contenue. Sans cette saine colère à
20 ans, on devient aigri et hargneux à 50. À 20 ans, on ne
devrait pas se taire contre 100 millions de dollars consentis.
On ne devrait pas se ranger, reprendre la routine et se réins-
taller devant la télé, une bière à la main, seul de nouveau.
Quand on a goûté à la solidarité, on devrait se dessiller les
yeux et comprendre qu'on doit appeler de ses vœux une société où les droits collectifs cessent d'être mis en échec au
profit des seuls droits individuels.

Ils étaient beaux à crier leurs slogans dont ils se
croyaient les inventeurs. À 20 ans, la naïveté, cette foi à vouloir déplacer les montagnes, doit illuminer l'action. À 20 ans,
croire simplement qu'on fait tourner la roue et non qu'on
l'invente a quelque chose de triste. Des slogans du genre « Pas
de dettes avec Jean Charest » indiquent un ras-de-terre plus
qu'un ras-le-bol. Vieux slogans, nouvelles voix. Toujours ce
retour au réalisme des cotations boursières. En un sens, nous
avons dépossédé nos jeunes d'une des caractéristiques essentielles de la jeunesse, à savoir la légèreté momentanée, cette
légèreté sans laquelle la gravité nous étouffe ou paralyse le
risque inhérent à l'exercice de la liberté. Les jeunes d'aujourd'hui semblent avoir les yeux fixés sur les colonnes de
chiffres. C'est peu dire qu'ils monnaient leurs désirs.

Ils étaient beaux aussi parce qu'ils défilaient pacifiquement, convaincus que la violence du monde qui les entoure est un mal qui n'est pas nécessaire. Cette certitude les honore mais ne les protège guère contre les poignées d'agitateurs qui pourraient éventuellement les utiliser à leurs propres fins, pour lesquelles les moyens comptent peu. À 20 ans, l'agressivité est une façon de répondre à la violence ambiante. Elle permet de la comprendre et d'y résister éventuellement. Trop de *peace and love* d'antan ont retourné cette violence vers eux et leurs proches quand la vie les a rattrapés.

Les anciens jeunes ont pris un coup de vieux cette semaine en regardant défiler ces enfants de l'après-référendum de 1980, ces enfants du NON, ces enfants de leurs échecs, ces enfants qui ont dérangé leur épanouissement personnel, ces enfants de leurs couples éclatés, reconstitués. Ces garçons et ces filles ne vivent pas leurs 20 ans dans l'euphorie, dans l'enthousiasme. Dans la chaleur du coude à coude de la rue, certains ont peut-être compris l'exaltation qu'ont pu vivre les générations précédentes à leur âge. Ces vieilles histoires entendues parfois de la bouche de leurs parents, jadis contestataires, qui bousculaient l'ordre établi et changeaient le monde à coups de défilés monstres et de slogans aussi utopistes qu'irréalistes.

Chacun son tour. Mercredi, la rue appartenait à la nouvelle génération de jeunes. On peut regretter que leurs 20 ans soient si lisses, si ajustés aux contraintes ambiantes et si conformes aux rationalisations budgétaires qui servent désormais de référence spirituelle.

19 mars 2005

Le non-dit

L'engouement soudain pour le suicide assisté, dont on revendique le droit comme d'une avancée sociale, recouvre trop de zones grises, d'ombres inquiétantes et de sentiments inavouables pour ne pas s'y attarder.

Le documentaire intitulé *Manon*, qui raconte l'histoire d'une femme à la rage de mort, a reçu les éloges aveugles de ceux que n'arrête pas le progrès. Comme l'a si bien dit à la radio de Marie-France Bazzo le journaliste transformé en idéologue du suicide assisté et qui réclame sa légalisation, « que ceux qui se crossent [*sic*] dans leurs bureaux mettent leurs culottes et changent la loi ». Il a aussi affirmé que « tous les docteurs et les éthiciens n'avaient rien à faire dans le débat ». Dont acte. La mort, dernier repli de l'intimité, ne devrait-elle pas être à l'abri du regard forcément voyeur de la caméra ? À peu près personne n'a vu là une offense, ni même matière à un débat sur l'éthique journalistique. Dommage !

Les combattants pour le droit (des autres) à mourir selon leur volonté, à leur heure et sans autre justification que leur mal de vivre montent au créneau avec une agressivité qu'on qualifierait de suspecte contre ceux qui souhaitent aborder ce débat grave en dehors de l'émotivité et avec des nuances qui sont autant d'interrogations. La dignité dont les premiers se réclament à cor et à cri commence là.

Nul ne devrait remettre en cause les dernières volontés d'une personne. Cela étant dit, souhaite-t-on vivre dans une société qui fait l'éloge de la mort plutôt que de la vie ? Au Québec, certains paramètres ne sont guère rassurants. Le taux catastrophique de la natalité (qui n'est rien d'autre que l'envie de donner la vie), ajouté au taux inquiétant d'avortements et aux statistiques toujours alarmantes sur le suicide des jeunes garçons, plante le décor dans lequel se déroule le débat sur le suicide assisté. Ajoutons à cela une tendance bien québécoise à la déprime, réminiscence du complexe du vaincu et que trahit le vocabulaire (on va « pas pire », on est « pas laid », « y a rien là »), et on comprendra que le souterrain québécois sur lequel reposent nos assises comporte des zones de sables mouvants. Discuter de la mort dans ce contexte colore le débat et teinte les analyses.

En écoutant les arguments des uns et des autres, on se rend compte que nombre de personnes qui s'opposent à l'acharnement thérapeutique croient devoir favoriser le suicide assisté. Or nous sommes en face de deux réalités absolument différentes. Laisser mourir n'est pas faire mourir. L'acharnement thérapeutique est une pratique qui, peu à peu, disparaît chez nous, où les mentalités ont évolué, en particulier dans le corps médical. Les services de soins palliatifs, bien organisés avec un personnel hautement qualifié, font l'envie de certains pays, en Europe par exemple. Les personnes en phase terminale meurent en général dans la dignité et sans trop de douleurs grâce à la médication.

Le suicide assisté mérite un débat de société plus en profondeur que des coups de gueule, et il serait irresponsable de faire reposer sa légalisation sur le seul argument du droit d'une personne à mourir. On répugne au suicide et notre instinct de vie nous empêche d'assister passifs à la mort de quelqu'un. Un homme veut sauter d'un pont et on s'empresse de recourir aux pompiers, à la police, à des psychologues, pour tenter de le convaincre de ne pas se tuer. Une femme s'ouvre les veines et on se précipite à l'hôpital pour la sauver. Ne pas intervenir au motif de respecter sa volonté, son droit à la mort en d'autres termes, va à l'encontre de cette valeur encore partagée du sens sacré de la vie. Le suicide ne peut pas être glorifié dans la mesure où il exprime le désespoir, ce sentiment qui tue aussi à petit feu les vivants.

Il faudrait avoir bien peu de compassion pour ne pas comprendre le désir d'une personne atteinte d'une maladie incurable et débilitante qui veut mettre un terme à ses souffrances physiques et morales. Mais légaliser le suicide assisté est-il une solution ? Une maladie incurable n'est pas nécessairement mortelle. Comment définir les balises ? Les rares pays à pratiquer le suicide assisté l'ont encadré de telle sorte qu'il est faux de croire qu'il existe sur demande. La législation qui fixe et définit le cadre, donc qui établit des critères forcément discutables et discriminatoires, est-elle la seule solution ? Dans ces domaines, l'absence de législation est parfois préférable. Le cas par cas dans une relation d'intimité entre le malade, ses proches et ses médecins ne serait-il pas plus humain ? Il aurait l'avantage d'éviter d'institutionnaliser la mise à mort – pourquoi avoir peur des mots ?

Rien n'est simple en ces matières. Dans ce monde d'efficacité et d'impatience qui nous caractérise, la précaution et la prudence sont nos meilleurs conseillers. Et, surtout, la gravité doit marquer le débat. Ce qui est rarement le propre des coups médiatiques.

27 novembre 2004

Cul-de-sac

Le titre, hélas, n'est pas qu'un jeu de mots. Les enfants de 14 ans qui pratiquent la fellation et la sodomie, qui visionnent des images de bestialité sur Internet, qui parlent de sexe entre eux d'une manière à faire rougir les prostituées d'antan, ces enfants nous obligent à conclure qu'il y a quelque chose de pourri au royaume de la culture de l'affranchissement. Cet affranchissement, que les adultes d'aujourd'hui, les plus de 40 ans pour faire court, ont brandi comme un drapeau, a laminé la pudeur, imposé les interdits comme norme, sans nous libérer sexuellement. Car la banalisation de la sexualité est un leurre. Nous sommes passés de l'obsession existentielle à l'obsession sexuelle et, en ce sens, nous demeurons prisonniers des vieux tabous, du péché et de l'impureté. Ce n'est pas un triomphe, c'est une régression.

L'industrie de la pornographie rapporte davantage que le PNB des pays de l'ensemble du Tiers-Monde. Elle a désormais ses lettres de noblesse avec ses acteurs vedettes, tel cet Italien qui affiche son pénis en érection dans tous les talk-shows de France et d'ailleurs en Europe. Elle a ses cinéastes femmes, d'obédience féministe, qui réalisent des turpitudes sous l'étiquette artistique. Elle a aussi ses lobbys, comme celui des Échangistes du Québec, qui utilisent les tribunaux à la manière de l'Association des parents catholiques. La porno a aussi ses chantres, ses porte-parole humoristes et, à vrai dire, peu de détracteurs. La peur de passer pour un borné, un frustré ou simplement un allié du pape suffit à faire taire non pas les gêneurs mais les gênés, ceux qui éprouvent un malaise à l'épandage de cette glu.

C'est au nom de l'affranchissement qu'on présente aux heures de grande écoute en début de soirée, alors que les tout-petits en pyjama sont assis avec papa-maman ou papa ou maman, des téléséries où les scènes torrides s'enchaînent lorsque ce ne sont pas les personnages eux-mêmes qui s'attachent et jouent aux sadomasos. Et que dire des dialogues plus crus que des sushis, plus salaces que les textes de Bataille, qui ne font guère broncher que quelques âmes sensibles ?

Les ados d'aujourd'hui ont été littéralement noyés dans cette culture porno. Les chanteurs qu'ils aiment, la mode qu'on leur propose, le refus des adultes de leur transmettre une vision morale de la vie et la pression du milieu qui n'a de cesse d'exacerber les pulsions sexuelles, tout cela contribue à les rendre consommateurs de sexe. Quand on trouve drôle qu'une émission du service public de télévision à l'heure de grande écoute s'intitule *Tout le monde tout nu*, même si elle s'avère d'une platitude surprenante et d'une grande indigence d'imagination, c'est qu'on est vraiment frustré, pas affranchi.

Les enfants entendent tout, c'est bien connu. Mais dans la culture de l'affranchissement, trop d'adultes ont considéré que la retenue devant les enfants appartenait à une conception puritaine et arriérée de la vie. Alors, rien ne leur a été épargné. On parle de sexe devant eux comme s'ils n'étaient pas présents, ou alors on observe leur réaction et on en rit. On précède leurs questions, on s'éternise sur les détails, on donne trop et plus d'informations qu'ils n'en réclament. Les mères offrent la pilule à leur fille le jour des premières règles alors qu'on laisse traîner les condoms sur la table de chevet des garçons de 12 ans. Caricature, direz-vous ? Moins qu'on ne le croit.

La culture de l'affranchissement est née de la contrainte mais elle en a créé une autre, tout aussi insidieuse. Je connais déjà les attaques et les injures que sa dénonciation va provoquer. D'abord, le fameux argument du retour en arrière, de l'époque bornée ; on m'accusera de faire de la nostalgie, d'être moralisatrice, de prôner une sorte de fondamentalisme moral. Or c'est justement pour éviter que les rigoristes moraux, des hypocrites dont on sait qu'ils sont nombreux parmi les pervers sexuels – pensons aux hommes d'Église agresseurs sexuels –, imposent une nouvelle chape de plomb morale, des mises à l'index et de la censure que nous devons reconnaître les dégâts auxquels le laxisme a donné lieu.

Le droit des enfants à vivre leur enfance, le droit des ados à vivre leur sexualité sans référence à la pornographie sont au moins aussi sacrés que celui des pervers polymorphes à transformer la société en une vaste scène d'exhibitionnisme. Lorsque tout est sexualisé, lorsque la sexualité n'appartient plus à la vie privée mais a envahi le champ public au point où les gens déclinent leurs pratiques sexuelles dans leur curriculum vitæ, on vit dans un univers de décadence. Qui viendra nous faire croire que des enfants qui miment les obscénités qu'ils voient sur Internet, que les ados qui entrent dans l'âge adulte avec un bagage sexuel plus lourd que celui de la majorité de leurs parents ne sont pas flétris et aliénés ? Et, par-dessus tout, infiniment tristes et infiniment seuls ?

Comment donc allons-nous nous sortir de ces ténèbres ?

7 mai 2005

Une agonie en direct

Chaque jour s'impose à nous l'image du pape, un pape douloureux, chevrotant et tremblant, qui arrive à balbutier des sons plutôt que des mots. Cette image diffusée à travers le monde, le pape a lui-même choisi de nous l'imposer car on imagine facilement que les conseillers nombreux et frileux préféreraient éviter de présenter le chef de l'Église sous les traits de ce vieillard au physique débilité.

C'est insupportable à regarder, d'autant plus à une époque où les valeurs dominantes de nos sociétés mettent en avant la jeunesse éternelle, la beauté obsessive, l'efficacité redoutable, évitant ainsi de déposer un éclairage sur la dégradation physique et la mort annoncée. En ce sens, Jean-Paul II, en nous faisant subir ce spectacle affligeant, car il y a là mise en scène, veut nous dire ce que la parole n'arrive plus à articuler, à savoir que la souffrance et la mort sont indissociables de la vie et que nous ne pouvons nous y soustraire sans nier notre propre humanité.

La violence avec laquelle certaines personnes, relayées par les médias, dénoncent ce qu'elles qualifient de *freak show*, comme nous l'avons entendu de la bouche même d'un animateur de radio souhaitant que le pape cesse de s'afficher en public, démontre bien cette incapacité à accepter ce « dérangement », euphémisme approprié pour camoufler la peur. Celle-ci atteint les héritiers d'une société composée de candidats prêts à tout pour devenir physiquement parfaits, dont la morale s'inscrit dans la rectitude et qui rêvent d'être des stars, c'est-à-dire des images d'eux-mêmes.

Or la souffrance n'est pas belle à voir, la dégradation physique de la vieillesse peut être un naufrage, pour paraphraser le général de Gaulle, et la mort est un échec. Mieux vaut s'y soustraire. C'est ce qu'ont compris tous ceux qui abandonnent leurs proches vieillis qui ne servent plus à rien et qui, surtout, ont cessé de les servir, ces vieillards abandonnés dans leurs foyers ghettos où ceux qui les visitent de façon épisodique, par mauvaise conscience la plupart du temps, prennent une journée à se remettre de l'émotion que ce vestibule de la mort a suscitée chez eux. En s'offrant au regard des caméras du monde, le pape se substitue à tous ceux desquels on détourne le regard, ces hommes et ces femmes entre autres qui, au bout de leur vie, se sont éteints, écrasés par la chaleur en France l'été dernier, alors que leurs propres enfants se rafraîchissaient sur les plages sans se soucier de leur mère ou de leur père enfermé dans un appartement brûlant au cinquième étage d'un immeuble sans ascenseur par 40 °C dans ce Paris aussi agité qu'anonyme.

Le pape impose aussi sa souffrance physique au regard de ceux – et ils sont légion – qui sont trop sensibles, trop fragiles, trop émotifs pour se rendre à l'hôpital au chevet de leurs proches. Comme si ces autres, en majorité des femmes, soulignons-le, qui se font un devoir de visiter les malades ne mettaient pas leur propre sensibilité à rude épreuve. Évidemment, la tolérance face à la maladie est de nos jours limitée car cette dernière représente une tare, un défaut, une dysfonction, et non pas une composante de la santé elle-même. Pour plusieurs, le corps est une machine qu'on polit, qu'on répare, qu'on entraîne et qui, par le fait même, doit fonctionner.

Quant à la mort, elle est devenue insensée. Les croyants l'intègrent à leur vision de la vie, mais la foi ne sert plus d'explication et ne rassure plus à la manière d'antan. On a réduit la période d'exposition des morts, le deuil n'est plus visible à travers le vêtement et le temps de la peine se doit d'être court devant l'impatience de l'entourage des endeuillés à oublier ou plutôt à faire comme si on a oublié. Le pape, provocateur, nous contraint à assister à sa lente descente vers la mort, une mort que personne ne lui ravira.

À la manière de ces artistes grandioses, le pape souhaite mourir à la tâche, sur scène, devant la terre entière, en communion avec ceux qui souffrent dans l'isolement et l'abandon. Il affiche la laideur de la maladie et, ainsi, il la transfigure. Il y a dans le geste un mélange de foi et d'orgueil qui impose le respect. En ce sens, ce pape qu'on peut critiquer pour ses positions en matière de morale, par exemple, demeure un être d'exception, lequel a transformé le monde ; il a livré son combat à la fois spirituel et temporel.

4 octobre 2003

Une intense semaine

Existe-t-il une telle chose qu'un gavage d'informations ? Il faut croire que oui si on se réfère au traitement médiatique de la mort de Jean-Paul II. Il y a des décès, comme celui du pape, qui sont des révélateurs extraordinaires des sociétés et des êtres. N'est-il pas incroyable que cet Occident laïcisé, où les catholiques pratiquants sont tous minoritaires, se soit enflammé de la sorte en soumettant sa population à une couverture médiatique de tous les instants ?

Que représente donc ce pape, visionnaire sur le plan politique et immobiliste en matière de morale, pour justifier pareil phénomène ? La culture du pape, la langue dans laquelle il s'exprime sont à mille lieues de celles auxquelles adhèrent les Occidentaux. Notre monde moderne impose une rationalité, déraisonnable diront certains, qui exclut les références à l'au-delà, un monde qui a remplacé Dieu par des gourous locaux et qui assure le triomphe du droit individuel absolu sur l'appartenance à une institution universelle, organe définisseur de morale, telle l'Église. Mais il existe une autre institution universelle qui impose sa hiérarchie des valeurs, et c'est le système médiatique lui-même. C'est donc dire que les responsables des médias ont décrété la prédominance suprême de la mort du souverain pontife sur tout autre événement. En ce sens, la Terre a semblé s'arrêter. Alors, raison de plus pour se questionner. Qu'a donc incarné Jean-Paul II ?

L'Occident a réussi le meurtre du père, c'est-à-dire qu'il a déboulonné, pour toutes les raisons du monde, la statue de l'autorité paternelle, patriarcale, machiste. La culture masculine a perdu du terrain au profit d'une culture, appelons-la féminine faute de mieux, qui glorifie les émotions, l'intimité et la conciliation plutôt que l'affrontement, et l'épanouissement de soi au détriment de l'altruisme. Jean-Paul II décrétait, proclamait, réunissait, excluait au nom du Père et en tant que Saint-Père. Jean-Paul II, chef charismatique, se situe dans la tradition contemporaine des Churchill, Adenauer et de Gaulle, pour ne parler que de l'Europe. Ces hommes combattants de la liberté et définisseurs eux aussi d'une morale se sont battus sans crainte et sans remords. Jean-Paul II commandait l'admiration par ce même courage, rare de nos jours, et par la même authenticité dans ses convictions, une autre rareté en ce monde d'adaptabilité et de compromissions généralisées. Est-ce nostalgie d'un temps révolu de la part de ces foules ? Est-ce émotivité médiatique que ces témoignages toutes classes sociales, toutes générations, toutes religions et toutes origines confondues ? On a assisté cette semaine au retour momentané du culte de l'image du père. En effet, qu'on le veuille ou non, ils sont fort nombreux, les orphelins de père en ce début de XXIe siècle.

La mort de Jean-Paul II, et il fallait s'y attendre, a permis aux adversaires de l'Église mais aussi à tous ceux que rebute sa doctrine morale de crier haut et fort leur indignation. Jean-Paul II est né Karol Wojtyła en 1920 en Pologne. Son conservatisme moral s'est nourri de la culture de son pays et de son époque. L'assurance avec laquelle il a toujours condamné la contraception, l'avortement, le mariage des prêtres, le divorce et l'homosexualité a blessé aussi sûrement que ses positions elles-mêmes. Celles-ci sont discutables, sauf apparemment pour le pape et son entourage romain. À preuve, la discrétion de l'Église du Québec et la tolérance d'une partie de son clergé sur ces questions. Dans l'optique papale, la sacralisation de la vie ne supporte aucune exception. On a eu le sentiment au cours de cette semaine que l'opinion mondiale appréciait chez Jean-Paul II son absence totale de volonté de plaire aux foules. En son temps, en 1940, Churchill avait dit aux Britanniques qu'il n'avait que de la sueur, du sang et des larmes à leur offrir. Le pape ne disait jamais ce que les gens voulaient entendre. La bien-pensance moderne ne l'effleurait guère. Certains incroyants le respectaient pour cela aussi.

La lamentable saga des commandites illustre l'immoralité de notre monde. Elles sont rares aujourd'hui les figures charismatiques pour qui l'argent n'est pas un veau d'or et qui réclament toute leur vie durant plus de justice sociale et plus de spiritualité. Le pape, lui, n'était pas « achetable ». Et contrairement aux idéologues qui ont fini, comme Castro, par imposer leur tyrannie et mettre les poètes en prison, Jean-Paul II n'a jamais forcé personne à penser comme lui. À preuve : la majorité des catholiques occidentaux qui font fi de la morale officielle de l'Église tout en continuant de pratiquer leur religion. Jean-Paul II traçait la voie, proposait un idéal de vie qu'il tentait lui-même d'atteindre. Tous ceux qui l'ont accompagné pendant cette longue semaine éprouvaient sans doute une nostalgie pour un guide spirituel et moral, un anachronisme de nos jours.

9 avril 2005

Une héroïne est morte

La vie de Samira Bellil vient de s'arrêter à 31 ans. Née en Algérie, cette jeune femme avait émigré en France avec ses parents et grandi dans une de ces cités de banlieue majoritairement musulmanes, véritables ghettos où règne la violence et où se déploient des islamistes à la recherche de têtes brûlées à endoctriner. Elle était d'une beauté intimidante. Lorsqu'on la rencontrait – ce fut mon cas à l'occasion d'une émission de télé –, on était frappé par la puissance de sa présence, par l'intensité de son regard aussi, ce regard qui avait vu l'horreur. Car Samira Bellil avait subi ces viols collectifs qu'on appelle les tournantes. Elle a eu le courage de raconter son calvaire dans un livre coup-de-poing, *Dans l'enfer des tournantes*, publié chez Denoël en 2002. Il y avait en elle une certaine violence, épuisée par trop de stimulations, mais aussi, enfouie derrière le beau masque, une tendresse qui serrait la gorge de l'interlocuteur.

Battue par son père avec la complicité d'une mère qui aujourd'hui, grâce au combat de sa fille, s'est elle-même affranchie de cette culture de soumission féminine, elle a traversé son adolescence douloureuse engourdie par la drogue et l'alcool et secouée par des crises d'épilepsie. Elle se maquillait, fumait, sortait dans les bars, toutes activités maudites aux yeux des garçons du quartier pour qui une fille non voilée, donc non soumise, est une putain. Un jour, Samira, en révolte contre la violence familiale et cette éducation selon laquelle il lui fallait accepter d'être un être inférieur, devient amoureuse d'un de ces voyous. Elle couche avec lui, il s'en vante et le sort de la jeune femme est scellé. Comme des fauves, ils coincent « la salope » et la violent à plusieurs dans une cave remplie d'immondices. Ils réussiront à récidiver quelque temps après.

Samira, elle, a eu le courage de dénoncer ses agresseurs, brisant ainsi le silence de ces martyres. Son combat est devenu sa façon de vivre. Grâce à son exceptionnelle intelligence, grâce à une thérapeute qui a su vaincre sa haine d'elle-même, elle a réussi une lente remontée vers cette lumière qu'on appelle l'espoir. Jour après jour, des années durant, elle a crié son indignation afin de briser l'indifférence des pouvoirs en place et les pratiques odieuses de la police qui renvoyait chez elles les rares filles qui se présentaient au commissariat après avoir subi des viols. Ni les menaces, ni le harcèlement, ni la peur au ventre ne l'ont fait fléchir. Elle s'est si bien battue que des jeunes filles de plus en plus nombreuses se sont révoltées contre leurs agresseurs.

La progression de l'islamisme fondamentaliste la révulsait, mais elle était aussi allergique aux féministes bon chic bon genre qui tentaient de la récupérer pour leur cause. C'est dans une grande solitude, à mains nues, avec, pour seule armure, sa détermination incandescente qu'elle a réussi à ébranler les consciences et les institutions de son pays, la France. Elle n'éprouvait que mépris pour les bien-pensants en tout genre. Elle s'opposait au communautarisme, cet enfermement social dans lequel les femmes de sa communauté étaient inévitablement déclassées. Elle se scandalisait aussi de ces bonnes âmes qui prêchaient une tolérance qui n'était que couardise déguisée.

Elle connaissait trop bien le milieu qui l'avait vue naître pour jeter la pierre aux filles terrifiées ou endoctrinées qui acceptaient depuis des années de se voiler et de se couvrir le corps de ces tristes bures. Mais elle n'était pas dupe des motivations de celles qui jouaient les porte-voix et réclamaient ces symboles de sujétion au nom de la liberté sous le regard des hommes barbus qui les encadraient. Elle arrivait à expliquer, sans verser dans la justification bien sûr, ces garçons, le mors aux dents, qui agressent les filles et broient leurs corps sans défense, ces garçons malades des femmes parce que terrorisés par elles, par leur sexe.

Dix années lui ont été nécessaires pour sortir enfin de cet enfer. Son livre-témoignage lui a apporté notoriété et sympathie mais a aussi allongé la liste de ses ennemis. Elle n'en avait cure. On ne perd pas la tête lorsqu'on a fréquenté le mal absolu. Sa notoriété médiatique ne lui a servi qu'à aider ses sœurs de malheur, à les rassurer, à leur donner foi en elles afin qu'elles tentent de s'en sortir aussi.

Cette jeune Française, musulmane de culture, d'origine algérienne, avait franchi l'infranchissable. Héroïque, elle le fut. Sa vie avait retrouvé son sens. Son combat se transformait. Cette pasionaria de la liberté et de la vérité ressemblait à ce héros chinois, debout, seul, les bras en croix devant le char d'assaut sur la place Tiananmen. Sa plus grande victoire, son héritage, elle l'a légué à ses deux jeunes sœurs dont l'une vient de terminer une licence de droit. Quant à son père, il a fait son mea-culpa, s'affranchissant ainsi de ses propres démons. Au moment où la vie s'adoucissait, son corps n'a pas résisté. Elle est morte d'un cancer de l'estomac dans la souffrance qui lui était, hélas, trop familière. Un cancer comme une métaphore de sa propre vie.

11 septembre 2004

L'urgente Filiatrault

Certains cachent leur âge par coquetterie. Elle l'affiche pour la même raison. Denise Filiatrault, c'est d'elle qu'il s'agit ici, n'a de septuagénaire que son âge. À vrai dire, son talent, sa force, sa tonitruance, son expérience échappent à toute catégorie arithmétique, voire géométrique. Cette femme commande le respect même à ses détracteurs, souvent défenseurs des avant-gardes tous azimuts et de la culture avec un grand C, dont on se demande de nos jours à quoi elle rime puisque même les fanatiques de musique baroque font l'effort de vendre leurs disques. Cette femme est un modèle pour les femmes, pour les vieillissants complaisants envers leurs petits bobos, pour les jeunes artistes qui ont foi dans leur art, pour ceux qui voudraient évoluer avec leur époque, pour ceux enfin qui admirent la ténacité, qui ont le culte du travail et estiment que la vie sans la rage de vivre ressemble aux limbes.

Denise Filiatrault assumera donc la direction artistique du Théâtre du Rideau Vert, une institution en difficulté que personne, sauf quelques écervelés, ne souhaite voir disparaître. Certains commentaires autour de la nomination de cette femme de théâtre inimitable traduisent bien les maux de l'époque. On imagine que ceux qui ont soulevé le fait de son grand âge, qui jouerait en sa défaveur, sont les mêmes qui hurlent à la discrimination et s'empressent de recourir à la Charte des droits lorsqu'on fait référence à d'autres catégories sociales. N'aurait-on pas, avec raison, crié au scandale si des commentateurs avaient suggéré que la nomination d'un Noir ou d'un gay n'était peut-être pas une bonne chose.

Denise Filiatrault incarne la culture populaire, qu'elle n'oppose pas à la culture plus élitiste, car cette femme, qui n'est pas une intellectuelle, respecte et admire les artistes, peu importe leurs choix esthétiques. Il faut avoir vu ses spectacles depuis plusieurs années, entre autres sa remarquable mise en scène de *Cabaret*, pour se convaincre, si besoin était, de sa capacité à introduire le tragique dans une comédie musicale. Devant un tel talent, on ne peut que s'incliner.

Dans notre monde en quête de modèles, cette femme devient une référence obligée. Sa propre vie fait éclater tous les lieux communs. Fille adoptive, elle n'a aucun état d'âme, aucun regret à ce sujet, au contraire. Elle a vécu une enfance modeste mais très heureuse, a adoré son père, aimé sa mère. Cela nous change de ceux qui s'apitoient sur leur sort et traînent leur enfance comme un boulet à leurs pieds pour justifier leurs impuissances. Elle a vécu des passions amoureuses, a été aimée et sans doute trahie par des hommes, mais jamais ne l'a-t-on entendue se plaindre ou accuser ces derniers de tous les malheurs féminins comme ont pu le faire d'autres personnalités publiques. Féministe de terrain et non de théorie, elle a gagné sa vie, élevé ses filles, menant de front la comédie, l'écriture, la mise en scène et ne s'attardant ni sur ses succès ni sur ses échecs. Tour à tour fonceuse, insécure, épuisante, rassurante, injuste parfois dans ses jugements, toujours directe, infiniment admirative du talent des autres, Denise Filiatrault a su éviter les pièges de l'actrice vieillissante qui s'étiole parce qu'elle constate l'irréparable outrage des ans. À l'ère de l'obsession du corps parfait, du visage sans rides, elle refuse de s'attarder à ces préoccupations. Cette volonté d'écarter toute nostalgie devrait aussi servir d'exemple à ceux, nombreux, qui idéalisent leur passé, n'ayant eu de cesse de le critiquer au moment où ils le vivaient.

La nouvelle directrice artistique ne révolutionnera pas le Rideau Vert, ont fait remarquer certains critiques. Cette réaction exprime aussi une tendance actuelle à croire que la nouveauté est un absolu, comme si la mode pouvait être confondue avec la modernité. Le théâtre expérimental ou d'avant-garde, loin d'être le parent pauvre de la scène mont-réalaise, possède ses lieux de création, trouve son finance-ment et permet l'évolution artistique. Mais un des objectifs majeurs des responsables culturels devrait être aussi d'assurer la pérennité des théâtres institutionnels dont fait partie le Rideau Vert. Denise Filiatrault, depuis quelques années, transforme tout ce qu'elle touche en succès. Loin de trahir l'esprit des fondatrices, on peut parier que la nouvelle, sinon jeune, directrice saura requinquer ce Rideau Vert, y attirera un public plus nombreux, plus varié, dont certains diront qu'il est trop populaire, manifestant cet état d'esprit d'antan où l'on associait popularité avec grossièreté et facilité. Que celui qui est plus passionné, plus vrai, plus enthousiaste et plus talentueux que cette Filiatrault lui jette la pierre. Comme un boomerang, elle reviendra le mettre K.-O.

Le Québec a trop souvent l'admiration *post mortem*. Complimenter ceux qui contribuent à rendre vivante la création en consacrant leur vie à se surpasser pour notre bon-heur à tous est chose rare ici. Les oraisons funèbres sont lugu-bres du seul fait que ceux qui en sont l'objet ne sont plus là pour les entendre. Denise Filiatrault, dans l'urgence qui la définit, n'a pas le temps d'écouter les éloges. De toute façon, elle n'y croirait pas vraiment. C'est sans doute pour cela qu'elle continuera de surprendre, de séduire et, surtout, d'être l'incarnation de la vie même.

10 juillet 2004

Michèle Richard

À l'âge où les petites filles jouent à la poupée, elle chantait dans les cabarets enfumés et alcoolisés avec son père adoré, icône de la chanson western. C'est sans doute là qu'elle est devenue accro des réflecteurs. Elle parle de cette période avec nostalgie et émotion. Non, on ne lui a pas volé son enfance ; non, elle n'a pas été confrontée à des publics bruyants, saouls et grossiers. Elle parle d'elle-même comme d'un personnage. Un peu plus et elle utiliserait la troisième personne du singulier pour se désigner. Elle se décrit comme une star dont la vie appartient à son public. Michèle Richard incarne dans sa tragédie la quintessence de l'être humain du système médiatique dépossédé de lui-même.

Elle avoue n'exister que si elle est vue, regardée, scrutée, et elle croit avec sincérité que son intimité appartient à ce regard des autres sur elle. Toute sa vie, qu'elle appelle sa carrière, a été orientée vers la caméra par un effet de tropisme, cette caméra, œil sans feu ni lieu, sans conscience et sans humanité.

La téléréalité qui fait fureur depuis que la télévision s'est transformée en une fiction en tout genre, elle l'a appréhendée avant tout le monde. Ses frasques, ses impairs, ses scandales et ses perturbations personnelles ont parfois été créés et toujours vécus pour permettre aux autres de se les approprier. En ce sens, elle offre à tous ceux qui étouffent par ennui dans des vies sans aspérités autres que celles qu'ils s'inventent dans leur imaginaire limité de la matière à excitations et à frissons. Difficile de dire si elle assume ou subit ce rôle. En tout cas, elle en a conscience. Ce rôle lui sert d'armure contre le mépris qu'elle provoque chez des créatures médiatiques qui lui disputent le halo de l'avant-scène tout en prétendant défendre d'autres objectifs qu'ils estiment plus nobles. Aucun de ceux-là ne lui arrive à la cheville.

La confusion entre la réalité et la fiction dans laquelle nous plonge tous la culture de l'image fait également éclater la loi des genres, la distinction des rôles, la différenciation des fonctions. Tout ce qui est vu à travers l'écran devient homogénéisé. Tous les personnages qui apparaissent dans les téléjournaux, les téléromans, les émissions de variétés risquent de se confondre en un seul archétype dépouillé de ses caractéristiques propres. Pierre Bruneau, Virginie, Jean Charest, Éric Lapointe ou le dalaï-lama se transforment en une seule identité : celui et celle qu'on voit à la télé. En ce sens, toute tentative de hiérarchisation devient nulle et non avenue.

Paradoxal, bien sûr, ce besoin maladif de personnaliser qui bascule dans la dépersonnalisation, cette coupure entre l'être et sa représentation définie par l'autre. Ceux qui y sont soumis sont pris de vertige dès lors que leur conscience est alertée. Les vedettes d'un soir, loftistes ou autres, sortent rarement indemnes de ce passage à nu devant des millions de voyeurs gourmands.

Contrairement à l'opinion répandue, la vie médiatisée n'est pas à la portée de tous. Ceux qui, par choix, exercent un métier public doivent apprendre rapidement à faire l'économie de leur image. Les qualités qui les ont conduits à choisir un travail sous le regard public leur permettent de se protéger contre l'envahissement, qui est en fait une dépossession. La comparaison est boiteuse mais tout de même éclairante. Ceux qui ont consacré leur vie à devenir riches vivent en général mieux leur aisance matérielle que les millionnaires des loteries, dont on sait que la plupart dilapident l'argent, tombent malades ou rompent brutalement avec l'entourage d'avant.

Mais la médiatisation à outrance peut provoquer l'éclatement des repères personnels chez des gens sensés, raisonnables et relativement équilibrés. Chez les personnalités fragilisées,

inquiètes, angoissées, sans trop de références culturelles, le dérapage est quasi inévitable.

La quête de la singularité demeure éternelle. Ce qui caractérise l'époque cependant, c'est le désir obsessionnel d'être
reconnu par le plus grand nombre. Cette notoriété, à laquelle ne se rattache aucune vertu (Mom Boucher est connu
du Québec au complet), est, au sens littéral du terme, insi-
gnifiante si elle ne s'accompagne pas de réalisations positi-
ves. Mais cela ne protège pas totalement. Les personnalités
notoires rejettent dans l'ombre leurs réussites professionnel-
les si leur obsession de l'image devient le premier, voire le
seul objectif. L'homme politique perd de vue le bien commun
quand son succès personnel le saoule, le chanteur disjoncte
s'il oublie l'objet même de son métier, qui est de chanter, et
l'animateur de radio se prend pour un gourou si le vedettariat
lui monte à la tête.

La vie de Michèle Richard est devenue la matière
même de sa fonction sociale, faisant disparaître la chanteuse
et l'animatrice de télé. Celle dont les médias s'emparent selon le principe de l'offre et de la demande s'est récemment
barricadée dans une chambre de motel de province avec son
chien noir, seul ami et unique confident de son intimité secrète. Cette femme blessée autant par elle-même que par les
autres va se livrer demain en pâture à des vautours investis
du titre de divertisseurs décoiffés et branchés qui vont surfer
sur les derniers détails scatologiques de sa vie pour faire éclater la cote d'écoute d'un service public de télé à mandat jadis
culturel. La victime sacrificielle et consentante croira ainsi
revivre sous la lumière, face à ce qu'elle appelle son public.
Et si l'éthique, c'était aussi de protéger les gens désespérés
contre eux-mêmes ? Et si c'était de se refuser à être spectateur
de pareille mise à mort morale ?

25 septembre 2004

« Du grand Chrétien »

Ce fut le cri du cœur de ses partisans et de tous les nostalgiques du temps maudit où l'affrontement entre francophones du Québec et d'Ottawa colorait la terne vie politique *Canadian*, faute de la transformer.

Ah! il était en forme, Jean Chrétien, lorsqu'il s'est présenté devant la commission Gomery cette semaine. On sentait que la vengeance était douce au cœur de l'Indien, si tant est qu'on ait encore le droit d'utiliser cette expression politiquement incorrecte. Il ne pouvait pas se soustraire à cette convocation, alors il allait la détourner à ses propres fins. Et, dans son cas, la fin justifie les moyens. C'est d'ailleurs un peu ce qu'il a démontré par son témoignage. Sa force de frappe, son arrogance et son sens du spectacle qui n'exclut jamais le mépris de l'adversaire ont transformé l'interrogatoire mou du procureur-chef Bernard Roy en tremplin à partir duquel l'ex-premier ministre a parfaitement réussi toutes ses pirouettes.

Du grand Chrétien, certes. D'abord, la langue demeure la même. Syntaxe éclatée, vocabulaire déficient, anglicismes à gogo. C'est bien connu. Jean Chrétien ne parle pas comme l'élite mais comme le peuple, ce peuple qu'il fréquente sur les terrains de golf, dans les prestigieux bureaux d'avocats et les antichambres du pouvoir financier et diplomatique international. Certains diront que c'était prévisible, mais on s'est rendu compte qu'il ne fait pas sienne la devise du Québec, « Je me souviens ». Il ne se souvient à peu près de rien. Sa mémoire ne lui est d'aucun secours lorsqu'il s'agit de confirmer ou d'infirmer des réunions avec ses proches collaborateurs.

Normal que ceux qui, un jour, rencontrent le premier ministre s'en souviennent, mais sachons une fois pour toutes que l'inverse n'est pas vrai. Du vrai Chrétien aussi car, chef suprême menant le combat pour sauver le Canada, il donne ses ordres et ne se soucie guère du choix des armes, des combattants ou de la stratégie des exécutants. Il a foi dans ses soldats, et on suppose qu'il apprécie particulièrement les plus coriaces devant l'adversaire. L'homme n'étant ni vénal ni attaché à l'argent, on ne doute pas qu'il soit au-dessus de tout soupçon de corruption personnelle. Qu'on lance la police aux trousses des voleurs potentiels et qu'ils paient pour leurs crimes, si des crimes ont été commis : telle est sa réaction face aux malversations. Mais lui ne s'embarrasse pas de ces détails. Avec les commandites, l'important était de sauver le Canada. Les dommages collatéraux (détournements de fonds et autres tours de passe-passe) lui apparaissent dérisoires comparativement à la tragédie appréhendée, à savoir l'éclatement du pays, ce pays qui lui a permis à lui, le « p'tit gars de Shawinigan », de se propulser au sommet des Rocheuses, d'un océan à l'autre et tout en haut de la colline parlementaire comme son idole, ce Trudeau qui l'envoyait se battre à mains nues contre les « séparatisses » et qui le traitait trop souvent avec hauteur et condescendance. Il aimait bien son Jean, qui ne refusait pas les *dirty jobs*. Rappelons-nous le rapatriement de la Constitution, le lac Meech, la crise d'Octobre.

Du grand Chrétien aussi, cette façon qu'il a de trivialiser le débat d'idées en le ramenant à un combat de ruelle où tous les coups sont permis dans les limites de la légalité. Car avec lui, la légitimité en prend plein la gueule, si on nous permet d'adopter son ton. Et que dire de son attrait pour la propagande ! Des panneaux, des drapeaux, des pancartes, bref, de la visibilité : c'est comme ça qu'on vend le Canada aux Canadiens. À preuve ? Ça a marché. Le référendum a été perdu par les souverainistes. Dans cette optique, le Canada n'est pas un pays à penser mais à visualiser. On comprend alors que l'ex-premier ministre déconsidère tous ces réformateurs du fédéralisme enfargés dans les virgules ou les traits d'union et qui jouent sur les mots. Pour Jean Chrétien, un chat est un chat, mais une balle de golf est un obus qui ne rate pas sa cible.

En quelques heures, cet homme politique aussi redoutable qu'incendiaire a réussi à recréer le climat tendu de l'époque guerrière où nous nous déchirions entre nous. Certains ont éprouvé un coup de nostalgie et d'autres ont revécu un quasi-cauchemar. À vrai dire, le témoignage de l'ex-premier ministre nous ramenait à nos vieux démons dont, il faut bien l'avouer, nous nous ennuyons certains jours en écoutant ces hommes bien élevés et policés qui tentent de nous gouverner. Ce qu'on appelle « du grand Chrétien » appartient plutôt à notre folklore fédéralo-séparatiste québécois. La performance de Jean Chrétien, (« performance » presque au sens du « show-business ») nous a fait prendre conscience qu'une tranche de notre histoire est désormais derrière nous.

12 février 2005

La fête du Travail

Curieuse époque que la nôtre, où les loisirs se sont transformés en tâches à accomplir, où le travail, celui des mères en particulier, devient insurmontable, où les *workaholics* font florès, où les autres travailleurs se plaignent de trop travailler et ceux qui n'ont pas d'emploi sont obsédés d'en décrocher un. Sur ce fond de scène, peu de gens se risquent à faire l'éloge du travail.

C'est oublier que le travail est une dimension fondamentale du plaisir de vivre. Rares sont ceux qui réussissent à éprouver cette griserie liée à ce que l'on appelait jadis l'accomplissement de soi en dehors du travail. Mais plus rares encore, et c'est triste, sont ceux qui déclarent aimer leur travail. L'irritation générale semble plutôt une caractéristique de ces années actuelles de compression du temps, voire de son éclatement. La vitesse du temps qui défile élimine ainsi toute possibilité d'éprouver du plaisir à travailler. Normal puisque ce sentiment plaisant exige qu'on s'arrête afin de le ressentir.

On pourrait croire que les adeptes des divers sports se réjouissent de les pratiquer car il s'agit tout de même d'une détente prise sur l'activité professionnelle. Or, les sportifs du troisième millénaire envisagent souvent cette activité comme un travail, c'est-à-dire à leurs yeux une contrainte à heure fixe, inscrite à leur agenda et, perversion oblige, dans un but non pas ludique mais prophylactique ou thérapeutique, bref sans le principe du plaisir si cher à Freud, qui en a fait l'éloge, tout en ayant de la difficulté à l'éprouver lui-même.

Le travail ne doit être ni une drogue ni un accablement, sources tous deux d'une forme d'esclavage. Et peu importe le type de travail, la possibilité d'en retirer certaines satisfactions demeure. D'abord, celle de gagner sa vie, même mal, oserons-nous affirmer, car tout travail permet une insertion sociale et sauf les ermites et les adeptes de la solitude sans partage, les êtres humains ont besoin d'un minimum de contacts entre eux. De plus, le sentiment de dépendre le moins possible de tiers procure un bien-être même relatif. Le travail permet aussi de faire fructifier ses talents, de déployer ses aptitudes et d'en obtenir une forme de reconnaissance. Le travail bien fait, quel qu'il soit, apporte à celui qui l'exécute un sentiment du devoir accompli et à ce titre, rassure et participe de ces petites joies quotidiennes qu'en additionnant on appelle le bonheur.

Contrairement à ce que dit la chanson, travailler n'est pas trop dur. Inversement, la mise à l'écart du monde du travail est souvent une expérience douloureuse, dévalorisante, humiliante. Félix Leclerc, dans sa terrible chanson, où il écrit que la meilleure façon de tuer un homme est de le payer à ne rien faire, ne dit pas autre chose. C'est pourquoi il est si formateur de transmettre aux enfants, non seulement l'importance du travail, mais le plaisir incomparable que l'on peut en retirer.

À l'inverse de ce qu'on pourrait prétendre, c'est moins la nature du travail que la passion qu'on y met qui transfigure celui qui l'exécute. Par exemple, le travail de mineurs de fond apparaît comme un boulet et une servitude fatale aux yeux des profanes. Or, il fallait voir cet été la tristesse et le découragement des mineurs ukrainiens à qui l'on avait annoncé la fermeture définitive de leur mine, tout en leur assurant un travail de reconversion dans d'autres types d'entreprises. L'un d'eux est venu expliquer la fierté d'être fils et petit-fils de mineurs de fond. Il éprouvait un réel sentiment de supériorité à être parmi ces hommes qui régissent les abysses minéralisés de la terre. Quelle fascination aussi d'entendre une personne passionnée par son travail nous le décrire dans les moindres détails. Émouvant, le professeur qui raconte avec affection ses élèves ; le neurochirurgien qui décrit la beauté, inconnue de nous, du cerveau humain ; l'ébéniste qui parle du bois comme s'il s'agissait d'une maîtresse ; la vendeuse devenue psychologue par la fréquentation des acheteurs dont l'envie de posséder trahit la personnalité profonde ; la douanière fascinée par la capacité des êtres à feindre, à mentir, à se sentir coupables, à crâner, tous ces comportements caractéristiques des voyageurs qui franchissent des frontières, c'est-à-dire, des interdits.

À l'occasion de la fête du Travail, il est bon de rappeler que le travail peut être une fête. Que chacun y a droit, qu'il faudra bien en arriver un jour, même si cela paraît utopique, à trouver des solutions moins déprimantes que de payer des gens à ne rien faire sinon se dévaloriser au point de se définir socialement comme « en attente de BS » sur des formulaires. Ce que l'on se doit de souligner également, c'est la nécessité de l'effort sans lequel il n'y a pas de travail intéressant qui vaille. Cet effort, une victoire sur soi-même, donne tout son sens au travail, qu'il soit intellectuel ou physique. Et l'on risque fort de la sorte de donner aussi plus de sens à sa propre vie.

4 septembre 2004

Les cadeaux de Noël

Ces jours-ci, il faut dresser l'oreille autour de soi pour entendre la longue plainte des gens à propos de l'achat des cadeaux de Noël. Ce geste est un fardeau pour les uns, une épreuve pour d'autres, un non-événement pour les affranchis des rites sociaux. Bien peu expriment une joie à vivre ce moment.

Dans les magasins, les acheteurs fébriles, l'oreille collée au portable, soupirent en choisissant des cadeaux au hasard, l'obligation d'offrir retirant tout plaisir au geste. J'ai même vu un quadragénaire hyperactif rafler la totalité d'une étagère de produits pour le bain chez Winners, ce nouveau temple de la civilisation, où les aubaines à dénicher produisent chez les clients des émotions de même nature que celles qu'on retrouve chez les joueurs du casino. Cet homme semblait si accablé par ce pensum de choisir des présents que l'on peut douter qu'au moment de les offrir, ceux qui les reçoivent ne ressentent pas sa contrariété. Dans la typologie des donneurs de cadeaux, celui-ci se classe à la rubrique donneur sous pression.

On trouve également les recycleurs. Cette catégorie a toujours existé mais elle a pris du galon et est devenue tendance avec la préoccupation écologique. Les recycleurs sont des gens paresseux ou radins, ou les deux à la fois. Et ils donnent ce qu'ils ne veulent pas. Par exemple, des cadeaux qu'on leur a refilés et qu'ils trouvent laids, inutiles, encombrants. Noël, pour eux, représente une sorte de vente-débarras qui rapporte l'argent qu'ils n'ont pas déboursé. Ce sont des donneurs sans donner.

Il y a les publicitaires des cadeaux qu'ils vont acheter. Ils en parlent longtemps à l'avance. « Il faut que j'achète mes cadeaux », disent-ils, puis, l'échéance se précisant, ils soupirent : « Je n'ai pas encore acheté mes cadeaux. » Ils rassurent leurs proches : « T'en fais pas, tu l'auras, ton cadeau. » Et la veille, le 24 décembre à 16 h, on les croise, le teint cireux, l'œil hagard, la carte de crédit à la main comme un billet de métro, qui ratissent les comptoirs de parfums ou de bijoux pour femmes ou de cravates pour hommes dans les boutiques plutôt que dans les grandes surfaces, là où l'on emballe même à grands frais. Ce sont les donneurs de la onzième heure.

Rien ne déçoit davantage qu'un cadeau offert par des personnes incapables de donner. Ces gens qui se lamentent de ne pas savoir quoi offrir, qui préfèrent signer un chèque, même imposant, plutôt que de prendre le temps de chercher le trésor qui fera plaisir. Quelques-uns exigent même que la personne s'achète son propre cadeau qu'ils rembourseront. Nous connaissons de ces gens tordus que l'acte de donner paralyse ou rend anxieux. On pourrait les qualifier de donneurs à reculons. De quoi donner envie de remettre l'article en disant : « Laisse tomber », au propre et au figuré.

Certains s'arrangent pour écraser les autres de leurs cadeaux. Ils en font trop, y mettent trop d'ostentation et surtout plongent ceux qui reçoivent dans l'embarras, ces derniers se sentant incapables de remettre la monnaie de la pièce. Aucun remerciement ne satisfait ce type de donneur. Par leurs propos – « Es-tu content ? », « Aimes-tu ça ? », « Je me suis forcé, hein ? » –, non seulement ils nous enlèvent le plaisir de les remercier, mais leur insistance débordante risque de provoquer une irritabilité à la limite de la colère. D'autant que, la plupart du temps, nos propres cadeaux ne sont pas à la hauteur des leurs. D'où un autre sentiment, désagréable à souhait : celui de se sentir mesquin et à coup sûr redevable. Les donneurs compulsifs sont des gens qui ont besoin d'être rassurés par ceux qu'ils récompensent.

Le don demeure un acte compliqué. Savoir donner est un art et révèle la personne qui donne. Il y a des gens doués pour les cadeaux ; ils savent procurer de grands plaisirs à ceux qui bénéficient de leur générosité. Savoir donner présuppose certaines qualités. D'abord l'altruisme, cette capacité de penser à l'autre mais aussi de penser l'autre. L'imagination aussi, sans laquelle l'effet de surprise, ce délicieux frisson, n'existe pas. La délicatesse également, grâce à laquelle le cadeau se transforme en hommage à la personne qui le reçoit.

J'ai assisté, par hasard cette semaine, à une distribution de cadeaux dans une entreprise de carrelages. Un poseur de tuiles est arrivé les bras chargés de bouteilles de vin qu'il a offertes à de jeunes vendeuses aussi élégantes que belles. Bien sûr, ces dernières le recommandent à leurs clients, ce qui fait de cette distribution un renvoi d'ascenseur. Chacune recevait une bouteille identique dans le même carton d'emballage. Mais il fallait voir le jeune homme s'entretenir avec chacune d'entre elles, les remerciant avec des mots personnels bien sentis, visiblement heureux de leur faire plaisir et surtout de lire ce même plaisir dans leur visage. Ce troc, à vrai dire, routinier en cette période des fêtes, s'est transformé en une cérémonie où la joie était palpable des deux côtés. Un moment de magie autour de Noël. Oui, décidément, certains ont un don pour donner. Bienheureux sont ceux qui les côtoient.

18 décembre 2004

L'enfant

Noël est la fête la plus nostalgique du calendrier encore liturgique. Pour mémoire, pour ceux qui l'ont oublié – au cas où cela serait possible – ou qui l'ignorent – la transmission de la culture religieuse étant en panne –, Noël fête la naissance de l'Enfant-Dieu. Tous les chrétiens de la terre s'inclineront devant ce petit bébé couché sur la paille entouré de ses parents émus, heureux mais inquiets comme tous les parents dignes de ce nom. Entouré aussi des anges, ces protecteurs sans lesquels un enfant ne peut grandir sans sécurité en toute liberté. Les Rois mages s'agenouilleront aussi devant le Nouveau-Né, le Dieu incarné. Ces Rois mages sont des sages, des savants, des voyageurs qui ont parcouru la terre, donc qui connaissent les hommes, leurs grandeurs et leurs misères. L'or, l'encens et la myrrhe qu'ils déposent au pied de l'Enfant symbolisent l'adoration qu'ils lui portent. Ces Mages prédisent l'avenir qu'ils lisent dans les étoiles. Ils savent donc que l'avenir de cet enfant est Lumière.

C'est une belle histoire que celle de Noël. Elle a habité notre enfance qui n'était pas toujours à la hauteur de la joie divine qu'on nous décrivait. La nostalgie des adultes se nourrit des souvenirs embellis par le temps, des malheurs, des peines et des manques, non pas à gagner mais à aimer. En ce sens, personne ne sort indemne de l'enfance. Cette sainte nuit que l'on chante nous le rappelle non sans tristesse.

Cette semaine de Noël a débuté dans le sordide avec la condamnation d'un tristement célèbre pédophile qui lui-même a dû s'incliner devant la crèche dans le passé. Comme quoi la perversion s'accommode du sacré, ne serait-ce que pour l'éclabousser avec plus de jouissance. Noël, fête des enfants, est donc aussi célébré par les ogres pédophiles. À Noël, les enfants agressés, la plupart du temps par leurs proches, souffrent des réunions de famille. Et les chants de clochettes et de joie tintent comme de la ferraille à leurs oreilles.

La nostalgie survient aussi en ces jours censés être bénis parce qu'on a perdu notre foi d'antan. Noël avait un sens, nous transportait dans des émotions douces ; nous aimions l'idée de ce petit Bébé-Dieu s'incarnant pour venir nous sauver. Cette foi naïve qui nous habitait transfigurait cette période de l'année pour en faire une magie. Les tracasseries et petits drames quotidiens étaient mis en veilleuse quand, agenouillés devant la crèche, nous contemplions cette sainte Famille si modeste, si parfaite et si mythique. La dure réalité de notre période troublée, instable, où l'horreur incessante de la folie humaine nous parvient chaque jour à travers les médias, dramatise si besoin était l'état d'incroyance ou d'incrédulité qui est le lot de tant de gens. Il est non seulement dur mais aussi souffrant de ne pas croire, ce qui semble plus difficile à admettre. Noël, en ravivant ce vide et cette rupture avec notre passé, nous rend orphelins d'une part de nous-mêmes. En ce sens, heureux sont ceux qui ont su conserver la foi de leur enfance.

Noël pose aussi un éclairage cru, sans pitié, sur la désintégration actuelle de la famille. Parents et enfants se départagent entre côté maternel et côté paternel. Veille de Noël chez l'un, soir de Noël chez l'autre. Mère sans ses enfants la nuit du 24, père seul le 25. Ou alors circulation absurde des enfants entre grands-parents paternels et maternels, faux grands-parents hérités avec les nouveaux conjoints des parents. La famille éclatée, reconstituée, rapiécée parfois durant vingt-quatre heures, apparaît dans toute sa modernité. Noël, la fête surannée, dévoile la non-fête de l'époque. Car nul enfant, quel que soit son âge, n'a fait le deuil total de la relation triangulaire papa-maman-enfant. Les soirées dans ces familles si élargies que même les adultes s'y perdent renvoient au passé marqué par les éclatements.

Les gens d'Église se font bien discrets durant ces jours, semblant oublier qu'ils sont les dépositaires de l'histoire religieuse de ce peuple jadis catholique dont plus de 60 % avoue cependant croire encore en Dieu. La religion appartient à la sphère privée, certes, mais la culture religieuse, qui est aussi une culture philosophique, apporte une contribution précieuse à la vie dans la cité. Le message d'espérance que symbolise cette naissance divine doit être entendu des croyants mais aussi des non-croyants. Cette espérance s'incarne à travers l'Enfant. N'y a-t-il pas là matière à méditation dans notre société qui enregistre un des taux de natalité les plus faibles de la planète ? Oui, Noël apporte un sens à nos vies en nous confrontant à notre stérilité collective que l'on comble en envahissant les centres commerciaux après avoir déserté les églises et en s'entourant d'animaux de compagnie pour briser la solitude dont le vide nous angoisse.

En cette fête de Noël, c'est sur l'enfant que nous avons été et sur nos propres enfants que nous sommes amenés à nous attendrir. Or l'attendrissement est un pas vers l'Espérance, seul antidote à l'inhumanité ambiante.

24 décembre 2004

La fuite en avant

Certains ont la fâcheuse tendance à confondre le progrès avec la fuite en avant. Or, en ce moment de passage des ans, nous devons nous imposer cette réflexion. Peut-on faire avancer les choses en balayant le passé ? La *tabula rasa* peut-elle nous emmener ailleurs qu'au néant ?

Il faut souligner que la tendance à conjurer le passé serait moins douteuse si ces thuriféraires ne se recrutaient pas parmi les ignorants fiers de l'être. Quand l'ignorance se porte à la boutonnière comme une vertu, il y a matière à méfiance. D'autant qu'elle s'accompagne d'une impatience envers ceux qui incarnent ce passé. En d'autres termes, elle recouvre une lutte des classes d'âge qui résume de façon percutante le slogan publicitaire « Tasse-toi, mon oncle ». Or la complexité de la vie moderne, due en partie à la circulation effrénée de l'information, exige le rappel constant de la mémoire. Et les faits de mémoire ne « s'intuitionnent » pas, ils s'acquièrent par la connaissance vécue ou livresque.

Les artisans de la Révolution tranquille qui furent les parents des baby-boomers avaient hérité d'un passé trempé de foi, certes, mais aussi d'histoire et de philosophie. Ces artisans formés par les humanités classiques n'étaient pas tous des intellectuels, loin s'en faut, mais ils avaient grandi en côtoyant les philosophes et les théologiens. La pensée de saint Thomas d'Aquin et d'Aristote forme peut-être davantage l'esprit que la vision téléréalité de la pédagogie actuelle. Et l'histoire sainte se compare sans hésitation à l'histoire universelle réinventée au goût du jour cinématographique.

Autrement dit, l'histoire de la Nouvelle-France racontée par les curés vaut bien celle du film du même nom racontée par un cinéaste évacuateur de la réalité historique. Car la culture religieuse est incomparable à l'inculture laïque.

Notre société vit une longue transition entre cette culture religieuse, justement, et l'acquisition d'une vraie culture laïque, laquelle ne peut faire fi du passé. À cet égard, nous sommes particulièrement vulnérables face aux revendications identitaires et religieuses de minorités qui mènent un combat pour imposer leurs valeurs, lesquelles contredisent souvent celles qui nous ont construits mais que nous avons implicitement écartées ou, pire, tenté d'effacer. Nous sommes des chrétiens culturels et des catholiques sociologiques, quelles que soient nos prétentions par ailleurs. L'année est ponctuée de fêtes religieuses dont le sens se perd, mais il n'en demeure pas moins que ce calendrier s'appelle liturgique. La culture, c'est aussi de le savoir. Et cette culture-là est à portée de tous.

La fuite en avant se vérifie aussi dans l'obsession actuelle pour la réalité apparente. C'est le syndrome à la fois du direct et de la culture pop. La vie de chacun, mise en scène par le montage, est offerte aux masses voyeuses pour consommation immédiate. Cette vie est présentée sans le passé qui l'a construite et sans d'autre avenir que la fin de l'émission. La majorité du contenu télévisuel se déroule selon ce mode de l'instantanéité, faisant éclater le sens de la continuité des choses, des émotions, des sentiments. On pourrait avancer ce paradoxe de la fuite en avant dans le présent défini comme absolu. Dans cette perspective, on peut parler de déshumanisation car ce qui est humain suppose une évolution.

L'agitation, en lieu et place de l'action, caractérise aussi la fuite en avant actuelle. S'agiter, c'est faire du surplace en faisant croire qu'on évolue. Autre façon de remettre à plus tard les responsabilités non assumées et les décisions non prises. L'agitation est le leurre moderne le mieux partagé en réussissant à confondre le plus grand nombre. De plus, l'agitation contrevient aux règles de base de la pensée et de la transmission des connaissances ; elle permet de s'informer, pas d'apprendre. La nuance, ici, est de taille.

À l'occasion du Premier de l'an, il est d'usage d'offrir des vœux mais aussi de prendre quelques bonnes résolutions. On me permettra de nous souhaiter à tous une année 2005 marquée par la lucidité et le courage afin de ne pas céder au cynisme ambiant ou à l'angélisme, ce tic si canadien qu'il nous fera perdre notre âme si on n'y prend garde. Personnellement, je prends aussi la résolution de poursuivre le fertile dialogue avec vous et, pour ce faire, je tenterai de ne pas reculer devant la polémique, voie obligée pour éclairer nos esprits. Je nous souhaite aussi le paradis avant la fin de nos jours.

31 décembre 2004

Résurrection

À Pâques, fête de l'espérance pour les chrétiens, l'occasion est toute trouvée pour réfléchir à une tendance lourde de notre société actuelle, celle qui consiste à glorifier une culture du désespoir. Pour faire simple, comme on dit couramment, disons que le trash donne le ton : dans les médias, où cela va quasiment de soi, dans la mode vestimentaire et, surtout, dans une façon de penser où la morbidité est souvent sous-jacente au discours affiché.

Nancy Huston, dans son essai intitulé *Professeurs de désespoir*, tente avec brio de remonter aux sources philosophiques de ce nihilisme. Or ce nihilisme pernicieux qui affecte l'Occident amplifie des courants déjà inquiétants dans une société comme le Québec, secoué par l'implosion de quelques-unes de ses institutions historiques fondamentales. N'y a-t-il pas d'abord une forme de désespoir à refuser de se reproduire, comme nous l'indique notre faible, si faible taux de natalité ? N'est-il pas décourageant d'entendre tant de gens en âge de procréer faire l'éloge de la non-natalité ? Ou ces autres, jeunes ou vieux, sans enfants, transformés en idolâtres des animaux de compagnie et qu'indisposent les cris et les pleurs des bébés dans les lieux publics ? Déprimant encore, l'empressement de plusieurs à se faire les défenseurs irréfléchis de toutes les méthodes d'arrêt de vivre, l'euthanasie au premier chef. Une sorte d'esprit de débarras, comme si la prolongation de la maladie des proches leur était plus intolérable que la mort elle-même. La culture du désespoir, c'est aussi vouloir faire mourir les gens par impatience, cette forme tordue de l'angoisse.

La familiarité brutale, la vulgarité élevée au rang d'appartenance sociale et la grossièreté redéfinie comme contestation sont les signes extérieurs d'un nihilisme qui recouvre le champ culturel. Et ce n'est pas sous-estimer l'importance de visées commerciales dans ce courant (en d'autres termes, la recherche du plus large public) que de croire à des forces plus sourdes, plus profondément destructrices, explicatives de cette descente vers le désespoir. Pourquoi l'humour des Bougon est-il si efficace que deux millions de personnes s'y collent chaque semaine ? Pourquoi ce succès populaire des humoristes de la scatologie et de la génitalité au détriment de l'humour intellectualisé de la charge politique et sociale ? Pourquoi cette mode vestimentaire clochardisée dont raffolent entre autres les branchés argentés ? Ces chandails troués, ces pantalons tachés, ces jupes effilochées vendus à des prix scandaleux sont les symboles de ce trash pollueur de l'esprit.

En effet, visiblement, les défenseurs et les adeptes de cette mode y trouvent du plaisir ou, du moins, une satisfaction. Y aurait-il un lien obligé entre cet univers et la désaffection à l'endroit de toute interrogation à caractère spirituel ? Serait-il possible que l'on souhaite le triomphe du désespoir simplement parce que la perte de l'espérance est une souffrance trop intolérable ? En effet, on n'arrive pas à croire que ces gens se déculpabilisent ainsi de ne pas être des pauvres, des rejetés sociaux, des marginaux, comme ces itinérants qui hantent nos rues, la main tendue pour recevoir l'obole.

La culture de la désespérance s'est glissée dans tous les interstices de notre vie quotidienne au point d'engourdir tout réflexe d'indignation. Est-il possible, par exemple, que nous nous laissions interpeller par des grandes gueules de tout acabit, que nous continuions à rire sans retenue, plébiscitant ainsi les destructeurs de la civilité, de la dignité, de la mémoire, ce ciment culturel sans lequel la barbarie surgit même là où on ne l'attend pas ?

Comment expliquer cet attrait populaire pour les spectacles de tout genre où on fait l'éloge du glauque, de la laideur, du pervers, du vide ? Pourquoi le suicide, geste ultime du désespoir, est-il présenté comme un acte de courage et que la volonté de vivre malgré les épreuves, aussi douloureuses soient-elles, provoque des rictus dubitatifs ? Comment peut-on, sans protester, laisser de supposés responsables du service public de la télévision intituler une future émission estivale *En attendant Ben Laden*, banalisant ainsi l'icône du terrorisme qui empoisonne désormais nos vies ?

Cette récupération du barbare se veut une provocation alors qu'elle serait plutôt une démonstration de l'absence de décence sans laquelle la vie ne vaut plus la peine d'être vécue. Oussama ben Laden pour faire rire et, pourquoi pas, Hitler, Pol Pot ou Milošević. Cette pornographie culturelle n'est rien d'autre qu'un désir sans doute inconscient de protéger une vision nihiliste de l'action humaine, les propagandistes du désespoir se présentant souvent comme une sorte d'avant-garde sociale. Cela explique que tant de gens obsédés d'être de leur temps leur accordent crédibilité et intérêt. Comme si, à leurs yeux, la quête de l'espérance et du bonheur représentait des pièges à cons dépassés.

Ne faut-il pas envier les chrétiens qui ont foi en la Résurrection ? Peu importe nos convictions, l'espérance ne demeure-t-elle pas la voie la plus humaine pour assurer le triomphe de la vie sur la mort ?

26 mars 2005

CET OUVRAGE
COMPOSÉ EN GOUDY 12 POINTS SUR 14
A ÉTÉ ACHEVÉ D'IMPRIMER
LE TREIZE OCTOBRE DEUX MILLE CINQ
SUR LES PRESSES DE TRANSCONTINENTAL
POUR LE COMPTE DE
VLB ÉDITEUR.

IMPRIMÉ AU QUÉBEC (CANADA)